深圳经济特区建立45周年系列丛书

中国式现代化的深圳实践

城市文明

本书编写组
- 编 -

新 华 出 版 社

图书在版编目（CIP）数据

中国式现代化的深圳实践．城市文明 /《中国式现代化的深圳实践》编写组编
北京：新华出版社，2025. 7
（中国式现代化的深圳实践：深圳经济特区建立 45 周年系列丛书）
ISBN 978-7-5166-8125-1

Ⅰ．D676.53；D648

中国国家版本馆 CIP 数据核字第 202552YC93 号

中国式现代化的深圳实践・城市文明

编　　者：《中国式现代化的深圳实践》编写组

出 版 人： 匡乐成　　**出版统筹：** 王永霞
责任编辑： 蒋小云　陈君君　　**责任校对：** 刘保利
统筹执行： 祝玉婷　　**封面设计：** 今亮后声
责任印制： 周瑞朋

出版发行： 新华出版社有限责任公司
（北京市石景山区京原路 8 号　邮编：100040）

印刷： 河北鑫兆源印刷有限公司

成品尺寸： 170mm × 240mm　1/16　　**印张：** 15.5　　**字数：** 210 千字
版次： 2025 年 8 月第 1 版　　**印次：** 2025 年 8 月第 1 次印刷
书号： ISBN 978-7-5166-8125-1　　**定价：** 86.00 元

《中国式现代化的深圳实践》
丛书编写组

主　　　编： 陈凯星

副 主 编： 周建伟　张朝祥　肖文峰　王　攀

编写组主任： 周　科　周　强　肖思思　詹奕嘉

编写组成员： 孙　飞　白　瑜　毛思倩　李晓玲
赵瑞希　梁　旭　王　丰　陈宇轩
梁希之　印　朋　卫韦华　李思佳

总　序

四十五载春风浩荡，深圳湾畔沧海桑田。在这风云际会之地，改革惊雷滚过南海，开放大潮回荡神州。

今朝回望，四十五载春秋在岁月长卷中镌刻下的，是一部中华民族于封闭中闯出生路、在追赶中走向引领的史诗篇章。

这诗行间，激荡的是向海而生、踏浪而立的拓荒胆识，是顶破冻土、向阳而生的特区精魂。此刻，我们以这套沉甸甸的丛书，为深圳经济特区建立45周年铭刻时光的印记，更为向新时代的壮阔征程庄严献礼。

特区之“特”，首在于“闯”的勇毅。蛇口开山的炮火轰鸣，是决心撕碎陈旧之幕的宣告；土地拍卖的第一槌声响，如利斧劈开痼疾坚冰；市场经济前路上步步探索，为华夏大地探明了崭新的航标。每一次“首战”的背后，都是一批又一批特区“拓荒牛”以汗水灌沃、信念浇筑的坚韧脊梁。

“深圳等经济特区的成功实践充分证明，党中央关于兴办经济特区的战略决策是完全正确的。经济特区不仅要继续办下去，而且要办得更好、办得水平更高。”深圳经济特区“奇迹”的内核，正在于那生生不息的“敢闯敢试、敢为人先、埋头苦干”精神。它早已融入城市的脉搏深处，成为最鲜明的标识，最强劲的动力——那是风雨砥砺出的筋骨，是惊涛磨砺出的魂魄。

如今，深圳全力谱写的发展新篇中，新时代深圳经济特区、新征程中国特色社会主义先行示范区、粤港澳大湾区中心城市和核心引擎之一建设不断取得新成效，前海深港现代服务业合作区、河套深港科技创新合作区、广东自贸区前海蛇口片区等重大平台建设如火如荼，何尝不是新时代“拓荒牛”精神的再度起航？改革的锋刃又一次劈开前路荆棘，创新的星辰又一次在时代夜空熠熠闪耀。

特区之“新”，贵在于“进”的无畏。2019年《中共中央 国务院关于支持深圳建设中国特色社会主义先行示范区的意见》赋予深圳“五大战略定位”，这是新时代党中央赋予特区新的恢宏使命。

六载奋斗，前海的“特区中的特区”制度创新如新竹破土，河套深港科技创新合作区创新链与产业链交融缠绕，战略性新兴产业和未来产业集群拔节生长为强韧经济筋骨，一流的市场化法治化国际化营商环境如同丰沃土壤滋养万千企业之林。《深圳经济特区数据条例》等突破性立法，如经纬之线织就了“法治城市示范”的牢固之网；深入实施的“民生七有”工程，正努力雕刻着“民生幸福标杆”的动人容颜；红树林湿地修复、蓝绿交融的公园城市画卷徐徐铺展，绘就“可持续发展先锋”的生态丹青……深圳，正以中国式现代化建设的先行探索，在时代答卷上奋力留下深刻的深圳印记。每一步坚实的攀登，都在兑现“走在前列、勇当尖兵”的庄严目标，每一步智慧的跋涉，皆是在用实践回应人民群众最关切、最深沉的期盼。

特区之“兴”，力聚于“心”的共振。回望峥嵘来时路，每一个伟大成就都是在党和国家的掌舵领航、都是在广大建设者前赴后继中诞生的。从“时间就是金钱，效率就是生命”的春雷醒世，到如今“创新驱动发展”的鹏城澎湃，精神的火炬在数代人之间接续传递。新时代的建设者依然步伐铿锵——实验室里追寻科学奥秘的目光是那般执着，流水线上精雕细琢的匠心是如此专注，写字楼键盘敲击下的智慧如同星辰闪耀，街头巷尾那奔波忙碌的身影凝聚着无数个家庭的憧憬。他们的汗水浇灌着创新的种子，他们的足迹交织出繁荣的图谱，他们的奋斗共同奏响了这座城市最雄浑壮丽的交响乐章。

未来之光，其芒闪耀。在中国式现代化伟大实践中，深圳肩负的使命如星辰般璀璨，责任如山岳般厚重。面向“建设更具全球影响力的经济中心城市和现代化国际大都市”的战略目标，一条光荣与挑战并存的前进征途正在前方。

展望未来，深圳要在高新技术更迭的前沿挺起中国制造的硬朗脊梁，在规则衔接与机制对接的关键处为大湾区融通撬动智慧杠杆，在治理效能与文明风尚的高度上为城市筑就新时代的精神高地。

蓝图已谱就，冲锋号角响彻云霄：深圳需保持“闯”的锐利锋芒，敢涉最深之水；激发“创”的不竭动力，勇攀最高之峰；秉持“干”的坚毅信念，锚定方向绝不停滞。

四十五载风雨兼程，深圳的故事从未缺少记录者。作为国家通讯社，新华社始终以镜头为眼、以笔为媒，与这座城市同频共振。从1980年蛇口工业区破土动工时“开山第一炮”的现场传真，到1992年“东方风来满眼春”的全文转发；从21世纪之初“深圳速度”向“深圳质量”转型的系列调研，到2019年先行示范区建设启动以来“高质量发展高地”“法治城市示范”等主题的专题报道，新华社用 45 年的持续关注，为深圳留存了一份珍贵的“成长影像”。一篇篇报道、一组组镜头，不仅记录着深圳“杀出一条血路”的勇气，更将“特区精神”传播至大江南北，为全国改革开放注入强劲舆论动力。

今天，这套丛书的编纂，正是新华社对深圳发展“长期关注、充分报道、及时总结”的延续与升华。从早期“三天一层楼”的速度传奇到如今战略性新兴产业和未来产业集群的创新突破；从“时间就是金钱，效率就是生命”的时代口号到“民生七有”工程的温暖实践；从土地拍卖“第一槌”的制度破冰到数据条例“先行先试”的法治探索——每一组文图、每一段文字，都是新华社与深圳共同书写的“改革史记”，既是对过往的深情回望，更是对未来的庄严承诺：记录时代，我们永远在场；传播经验，我们责无旁贷。

四十五载风华，于人的生命已临成熟丰饶之时，然而于一座始终焕发创新活力、奋斗伟力的城市而言，却正是青春鼎盛、风华正茂。这套丛书里墨香的流淌、图画的定格，正是这座伟大城市成长足迹的忠实写照，是四十五载特区精神光芒汇聚的不熄灯塔。我们有理由相信，一个更深植改革基因、广纳天下英才、永葆为民初心的深圳，定能在中国式现代化的辽阔征程中，书写更为壮丽磅礴的时代诗篇。

晨曦微露时追光，惊涛骇浪里弄潮，勇立潮头的征程永远在前方召唤深圳力量！

让我们满怀期待！

是为序。

引 言

在时代浪潮的澎湃涌动中，深圳，这座屹立于南海之滨的先锋之城，以其独有的蓬勃朝气与创新活力，绘就出一幅绚丽多姿的文化长卷。从昔日的边陲小镇华丽转身为如今的国际化大都市，在传承与创新、本土与多元、科技与艺术的交融碰撞中，奏响了一曲震撼人心的华章，绽放出夺目的光彩。这里，还有体育运动的激情与旅游业的繁荣交相辉映，运动场馆里的挥洒汗水与景区里的欢声笑语，共同勾勒出宜居宜业宜游的生动图景。

作为改革开放的“窗口”和“试验田”，深圳始终激荡着“敢闯敢试、敢为人先、埋头苦干”的特区精神，这份精神不仅是城市发展的引擎，更融入城市文明的血脉，驱动着每一个创新创意的诞生，让这里成为名副其实的“创新创意之都”。

从文化强国建设高峰论坛的思想碰撞，到对城市科学精神、人文精神、艺术精神的持续涵养，深圳在精神文明建设的道路上步履铿锵。而“关爱之城”的温暖、“志愿者之城”的奉献，更让这座城市在硬核发展之外，充满了柔软的温度。这是一座在文明滋养中不断成长的城市，每一面都闪耀着独特的光芒。

深圳的文化底蕴，在岁月的沉淀中愈发醇厚。古老的岭南文化在此生根发芽，与现代文明相互交织，孕育出独特的城市气质。下沙祭祖、沙头角鱼灯舞等8项国家级非物质文化遗产，犹如一颗颗璀璨的明珠，镶嵌在深圳的文化版图上，诉说着这座城市悠久的历史和深厚的人文底蕴。它们不仅是深圳人民的精神财富，更是中华民族传统文化的瑰宝。在现代化的进程中，深圳并没有忘记对传统文化的传承与保护，而是通过各种方式让古老的文化在新时代焕发出新的生机与活力。从举办非遗文化节，到开设非遗传承基地，再到将非遗元素融入现代艺术创作，深圳让传统文化走进了人们的日常生活，让更多的人了解和爱上了这些古老的技艺。

文化设施的建设，是深圳文化发展的坚实基石。近年来，深圳持续加大对文化设施的投入，一座座现代化的文化场馆拔地而起，成为城市的文化新地标。深圳图书馆北馆，以其简约大气的设计和丰富的馆藏资源，吸引着无数求知者的目光；深圳美术馆新馆，如同一座艺术的殿堂，举办的各类展览精彩纷呈，为市民带来了一场场视觉的盛宴；深圳湾文化广场，集文化、艺术、休闲为一体，成为市民休闲娱乐的好去处。此外，深圳还拥有众多的博物馆、文化馆、剧院等文化设施，它们遍布城市的各个角落，为市民提供了丰富多样的文化服务。如今，深圳全市各类图书馆（室）、文化馆（站）、博物馆、美术馆超1800家，“千馆之城”名副其实。这些文化设施，不仅提升了城市的文化品位，也为市民的精神生活提供了滋养。

文化精品的创作，是深圳文化发展的核心动力。深圳以开放包容的姿态，汇聚了来自全国各地的优秀文化人才，他们在这里激发灵感，挥洒才情，创作出了一大批具有深圳特色、中国风格、世界水准的文化精品。舞剧《咏春》，便是其中的杰出代表。这部舞剧融合了“咏春拳＋香云纱”两项国家级非物质文化遗产，以其精湛的舞蹈技艺、扣人心弦的剧情和精美的舞台设计，征服了无数观众的心。自2022年年底首演以来，《咏春》已在全球巡演200多场，不仅在国内掀起了一股“咏春热”，还成功走向世界，在新加坡、英国、法国等国家和地区的舞台上大放异彩，向世界诠释了新时代的东方之美，展现了中华文化的独特魅力。除了《咏春》，深圳还涌现出了交响乐《南海心潮》、话剧《叩响》、动漫《熊出没》等一大批优秀的文化作品，它们在国内外屡获殊荣，成为深圳文化的亮丽名片。深圳还有作品荣获中宣部第十七届精神文明建设“五个一工程”优秀作品奖。

文化产业的发展，是深圳文化繁荣的重要支撑。作为全国首批文化体制改革综合性试点地区之一，深圳较早提出将文化产业打造为四大支柱产业之一的目标，并出台了一系列文化产业政策。近年来，深圳坚持高位推动文化产业高质量发展，制定出台了《深圳市推动文化产业高质量发展行动计划（2023—2025年）》《深圳市关于加快培育数字创意产业集群的若干措施》等系列政策文件，为文化产业的发展保驾护航。如今，深圳已形成了“文化＋科技”“文化＋旅游”“文化＋创意”“文化＋制造”“文化＋贸易”等多元化的文化产业发展模式。以华为、腾讯、大疆等为代表的科技企业，将先进的技术与文化创意相结合，推动了数字创意、动漫游戏、网络视听等新兴文化产业的快速发展；以华侨城、华强方特等为代表的旅游企业，将文化元素融入旅游产品中，打造了一批具有文化特色的主题公园和旅游景区，吸引了大量游客前来观光旅游；以设计之都、创意十二月等为代表的创意活动，为创意人才提供了展示才华的平台，促进了创意产业的发展。据统计，截至2024年，深圳规模以上文化及相关产业企业营业收入占全省51.5%、全国9.1%。被誉为“中国文化产业第一展”的中国（深圳）国际文化产业博览交易会，更是深圳文化产业蓬勃发展的生动写照。20年来，文博会的展示规模、展商数量、参会国家和地区不断增加，每年吸引海内外超10万种文化创意产品、4000多个文化产业投融资项目展示与交易，范围辐射全球百余个国家和地区。

文化交流的活跃，是深圳文化开放包容的生动体现。深圳积极开展对外文化交流与合作，不断提升城市的文化影响力。一方面，深圳的文化精品走出国门，在世界舞台上展示中国文化的魅力。舞剧《咏春》在海外的成功巡演，便是深圳文化“走出去”的典型案例。另一方面，深圳积极引进国外优秀的文化作品和文化活动，让市民在家门口就能领略到世界文化的多元风采。从西班牙国际知名画展，到“中法文化之春艺术节”系列活动，再到2024大湾区青年管弦乐团巡演深圳音乐会，深圳以开放的胸怀拥抱世界，让不同文化在这里交流碰撞，绽放出绚丽的火花。此外，深圳还加强了与港澳台地区的文化交流与合作，共同推动中华文化的传承与发展。通过举办粤港澳大湾区非物质文化遗产汇深圳展、香港演艺博览深圳日活动等，促进了粤港澳三地文化的深度融合，增进了三地人民的文化认同感和归属感。深圳正在加快建设高质量文化强市，打造更具影响力的文化中心城市和彰显国家文化软实力的现代文明之城。

深圳，这座充满活力与创新的城市，在文化发展的道路上不断探索前行，取得了令人瞩目的成就。它以深厚的文化底蕴为根基，以完善的文化设施为支撑，以丰富的文化精品为核心，以蓬勃发展的文化产业为动力，以活跃的文化交流为桥梁，构建起了一个多元包容、充满活力的文化生态系统。站在新的历史起点上，深圳将继续勇担新时代新的文化使命，以更加坚定的文化自信，推动文化的创造性转化和创新性发展，为加快建设高质量文化强市而努力奋斗，让鹏城文脉在新时代焕发出更加璀璨的光芒。

目　录
CONTENTS

第二章　文化科技：数字浪潮下的文明重塑

第三章　文化惠民：全民共享的精神家园

第四章 深圳故事：时代浪潮中的文明叙事

第五章　志愿之光：城市文明的温暖底色

第一章

文产改革：破茧成蝶的创新突围

深圳文化产业改革的创新突围，是一场敢为人先、步履不停的征程。从政策扶持的持续加码，到创新模式的大胆探索，再到文化出海的自信前行，深圳以非凡的勇气和智慧，打破传统桎梏，开辟出一条具有时代特色与城市个性的发展之路。

01 “中国文化第一展”二十载成长记

2004年11月18日，当第一颗科学试验小卫星成功送入太空和雅典奥运会上“中国飞人”创造历史的消息激荡神州之际，一颗文化的种子在特区深圳破土而出，首届中国（深圳）国际文化产业博览交易会（以下简称文博会）开幕。自此沐风栉雨，茁壮成长。

弹指岁月去，文事于此兴。

这是一个产业交易平台、一个文化交流窗口和文明交汇之地。16万平方米的巨大展区，6000家参展单位、3万名海外采购商、6万名国内采购商……来自上百个国家和地区的参展商、采购商齐聚于此，共襄文化盛举。

背靠辉光日新、兼收并蓄、历史悠久的中华文明，立身自信自强、贯通中外、守正创新的今日中国，20年来文博会日新月异，见证了中国文化事业的蓬勃发展，成为推动中华文化走出去的重要平台。

作为中国唯一一个国家级、国际化、综合性的文化产业博览交易会，

2024 年 5 月 23 日，人们在第二十届文博会参观。新华社记者邓华摄

同时也是中国文化产业领域规格最高、规模最大、最具实效和影响力的展会，第二十届中国（深圳）国际文化产业博览交易会 2024 年 5 月 23 日在深圳国际会展中心开幕。

站在新的历史起点上，“中国文化第一展”正持续推动文化繁荣、建设文化强国、建设中华民族现代文明，为强国建设、民族复兴注入强大精神力量。

以交易助推产业腾飞

交易是人类的本性倾向，它带来了社会财富的增长。

2024年5月23日的深圳，一场文化盛宴如期而至，参展、观展、交易在此汇聚。

从非遗·老字号·工艺美术展到粤港澳大湾区文化产业创新展，从艺术·设计·国潮展到国际文化贸易展，从文旅融合·文化消费展到影视·出版·版权·游戏电竞展……在深圳国际会展中心，观展的人潮在8个巨大的展馆里来回涌动。

从琳琅满目的文创产品，到难得一见的齐白石《金秋蔬果图卷》、张大千《山水手卷》、徐悲鸿《天马图》、傅抱石《溪亭观瀑图》等名家真迹，1个主会场加52个分会场，带来琳琅满目的“精神食粮”。

这一文化盛事，已在深圳扎根20年。

时间的指针回溯到2003年，特区深圳被确定为国家首批文化体制改革试点地区，提出“文化立市”战略。结合产业发展特点和毗邻港澳的区位优势，彼时的深圳，决定举办文博会，如同当年创办蛇口工业区那般，有点石破天惊，也被不少人不看好。

作为我国文化产业创新发展的产物，首届文博会在报批立项时便得到了中央和国家有关部委的高度关注和大力支持，一年内3次“升格”，由深圳市到广东省、再到国家主办，成为第一个国家级、国际化、综合性的文化展会。

事实证明了这一决策的正确性，首届文博会“一炮而红”。

二十载初心不改，“第一展”砥砺前行。

如今，文博会的展示规模从首届的4.5万平方米扩大到16万平方米，展商数量从700多家增加至3076家，参会国家和地区从10个增加至108个，每年吸引国内外超10万种文化创意产品、4000多个文化产业投融资项目在现场进行展示与交易。

交易实现价值，促进分工，催生和壮大产业。

2024 年 5 月 23 日，人们来到第二十届文博会参观。新华社记者邓华摄

2003 年，怀着一腔文化事业梦想的栾立银来到大芬村。当时的大芬村，还处于初创阶段，业务主要靠香港洋行的加工订单，外贸多是零散订单。那时他没有想到，竟然还能“画”出一个产业来。

但是，文博会来了。栾立银说，首届文博会将唯一的一个分会场设在了大芬村，在大芬村举办了令人震撼的千人同时作画活动。自那之后，宣传推广跟上来了、国际买家来了、各地代表团来了、大量国内外游客来了，大量的交易来了……

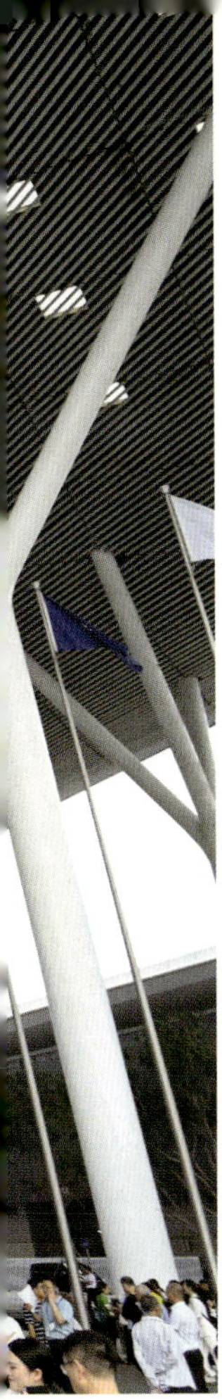

作为“中国文化第一展”，自诞生之日起，文博会就以搭建交易平台吸聚四方、互通有无为基本功能。20年来，通过交易促进，一批文化产业乘势而起。

通过需求拉动，靠临摹复制聚集起来的传统产业实现了向科技创意的转变。

栾立银说，2012年，他们通过将自己创作的生肖画变成文化创意商品，涉足艺术衍生品领域。之后通过与多位艺术家进行版权合作，让熊猫等各式各样的绘画元素走下画布，成为装饰品和日常用品。

如今，腾飞的“中国油画第一村”油画产业年产值约40亿元，产品遍布全球。

2023年的文博会通过线上线下平台持续推广和撮合，项目总成交创历史新高。

“今年的文博会将在促进文化交易上展现新作为。”时任文博会组委会办公室主任、深圳市文化广电旅游体育局局长曾相莱说，文博会将通过线上线下创意联动，破局引流促交易；提高专业观众邀请力度，实现一对一精准配对，强化交易实效。

文博会是时代浪潮里一朵漂亮的浪花。在文化产业界看来，文博会已成为全国文化产业发展的风向标，带动着一个个企业由小到大，也见证着中国文化产业不断发展壮大。

以文化汇通世界文明

文明的力量，可以穿越时空。

文化的力量，可以跨越重洋。

2024 年 5 月 23 日，观众在第二十届文博会现场选购汉字文创产品。新华社记者梁旭摄

在 2024 年文博会国际展区一个充满印度风情的展台上，一件中式旗袍格外显眼。来自印度的展商 Vishal Jain 告诉记者，这是印度设计师用印度传统布料制作的中式旗袍。

46 岁的印度商人 Vishal Jain 2002 年来到中国杭州从事印度布料进口交易。2024 年 2 月，他成立 D&J 东杰定制服装品牌，印度设计师利用印度传统工艺布料，结合中国人着衣风格偏好，提供服装定制服务。这是他带着全新的业务和品牌第一次参加文博会。他希望通过参加文博会看看自己的产品是否能够获得市场的认可、寻找到合作伙伴。“今天感觉大家都对我们很感兴趣。”

文通天下，融汇中西。以“推动中国文化产品和项目走出去”为目标之一的文博会，国际化历来是其显著的特色。2008 年，第四届文博会举办了“首届中国（深圳）国际文化产业高峰论坛”，首次设立国际文化馆。

正是在这届文博会上，中国主题公园走出国门。华强方特集团与外方签约，在中东共同建设“方特卡通动漫园”项目，涉及投资达8000万欧元。

“环幕立体电影”系统及影片进入美国、加拿大等40多个国家和地区，“熊出没”等30多部动画作品国际影响力持续攀升，近年来，华强方特集团以“文化为核心、科技为依托”，还在持续拓展中国文化产业向世界进军的新思路。

百货均输成剧邑。越来越多的海外参展商来到文博会，结识中国和世界各地的顾客。

2024年5月23日，参观者在第二十届文博会福建馆体验簪花。新华社记者毛思倩摄

在第十九届文博会上，韩国传统文化产业研究所理事郑光昊说，他们组织了 10 家传统韩国文化公司参展，“文博会可以创建有效的交流桥梁，希望向中国更多地介绍韩国传统商品和文化”。

来自伊朗的参展商马迪在第十九届文博会上说，中国提出的共建“一带一路”倡议让他想起了东方古老的丝绸之路。“这是一个伟大的想法，可以让不同文化的国家增进沟通和理解。希望中伊两国未来继续发展文化交流，增进两国人民的友谊。”

统计数据显示，第二十届文博会吸引来自 60 个国家和地区、302 家海外展商线上线下参展，108 个国家和地区、3 万余名海外专业观众线上线下参会。据主办方介绍，2024 年的文博会将引入国际品牌展览机构，吸引俄罗斯美术家协会、英国爱丁堡商会、日本熊本县工艺馆、西班牙贸易协会参展。

文明因交流而多彩，文明因互鉴而丰富。作为 2000 多年来长盛不衰的东方大港所在地，曾经的“一口通商”所在地，广东历来是东西方文明交汇的前沿之地。如今的文博会，让更多的海外人士饱含期待而来，在一件件文艺展品、一场场文化活动中深化文明交流互鉴，凝聚世界文明共识。

以创新闪耀文化光芒

创新，是深圳这座奇迹之城最鲜明的标签。

诞生于深圳的文博会，也将创新刻在了骨子里。融入时代最新科技，20 年坚持不懈创新，文化在此散发出更加耀眼的光芒。

2014 年首次参加文博会时，深圳字在文化公司展示了尘封多年渐被遗忘的活字、老机器，把人们拉回到“铅与火”的时代。字在文化创始人刘美松说："那时，我们还在经营印刷厂，只是把印刷机器搬到了现场。"

参加了三届文博会后，字在文化围绕汉字推出了从单品、桌面、空间到博物馆等不同规格和主题的产品阵列，完成了从"活字"到"字活"的转变。如今，字在文化成为一家以汉字生态为核心的文化综合服务商，融合汉字艺术与现代设计，持续开发出数百款具有专利的汉字文化创意产品。公司发展蒸蒸日上，大家的荷包也鼓了起来。

原因何在？

刘美松一语道破天机：10 年来，文博会给我们带来大量思考和启发，倒逼了企业的升级和转型。

以文博会为平台，传统文化、非遗技艺也通过创意再次走入了人们的日常生活。

"以前都是人走近文物，随着文化创意产品的开发，文物开始走近人。要让过去养在深闺人不知的文化文物资源结合市场和大众的需求活起来，文化文物资源才能形成消费力。"在第十三届深圳文博会上，"2017 文化文物单位文化创意产品开发成果展"现场负责人李宇说。

向来以电子信息、科技产业为人所熟知的深圳，也因文博会催生出一大批优质文化产业项目，壮大了文化产业。

"文博会给我们带来了非常多的商机。"华强方特集团执行总裁尚琳琳说，在文博会现场签约的很多蕴含中国文化特色的项目已面向游客开放，如邯郸成语文化主题公园"方特国色春秋"、赣州红色主题文化项目"方特东方欲晓"。

以华强方特集团为代表的新业态借助文博会的平台力量不断茁壮成长，"文化 + 科技"成为深圳文化产业向高端拓展的突破口。人们越发相信，有了科技加持，文化之果会愈加丰硕。

2024年5月23日，观众在第二十届文博会“文创中国”展区观看文创产品。新华社记者邓华摄

统计数据显示，20年来深圳文化产业保持了年均15%以上的快速发展势头，文化产业增加值由2004年的163亿元增长至2023年的2750亿元，增长近17倍，占深圳GDP比重由4%左右稳步增长至约8%，成为名副其实的支柱性产业。

革故鼎新、兼容并蓄，中华文化的强大生命力在细节中展露无遗，这是成就中华文明为世界诸多文明中唯一没有中断过的文明的核心密码。

“勤练习技不离身，养正气戒滥纷争，当处世态度温文，扶弱小以武辅仁……”在第十九届文博会上，深圳出品原创精品舞剧《咏春》，以数字化的形式精彩呈现，大受欢迎。

一年多来，《咏春》已席卷国内外多个剧场。150多场演出，收入超

6800 万元 —— 舞剧以承载着中华优秀传统文化精神内核的创新表达，让世界感受到新时代的东方之美。

“《咏春》将舞蹈与武术有机融合在一起，尝试为咏春拳打开新的艺术表达空间，探索在开放创新中发展岭南文化。”深圳市委常委、宣传部部长张玲说。

以自信推动文化自强

曾几何时，人们对传统文化产生争论与质疑，甚至言必称西学，遑论文化自信。令人欣喜的是，一切正在变化。

在参展者眼里，文博会的 20 年正是人们不断增强中华文化自信的 20 年，越来越多的人正越来越深刻地感受到，文化自信是一个国家、一个民族发展中最基本、最深沉、最持久的力量。

在很多人的眼里，文博会是人们抵达精神家园的一扇门。

“文化产业发展壮大的背后，是人们对美好生活的文化需求不断丰富。”莱特湃思活版文创负责人彭俊璋说，伴随新文化消费的持续回暖，各类新场景、新业态正在不断涌现。

活版印刷、景泰蓝、皮影戏、苏绣……伴随文化消费升级，展现独特的东方韵味和时尚感的新中式生活逐渐成为市场新宠。文博会期间，成千上万来自全国各地的非遗和工艺集中亮相，众多优秀传统文化正在新时代迸发出“亘古亘今、日新又新”的活力，展示出东方美学、民族韵味和中国智慧。

早些年，在中国制造业的加持下，和文化相关的电器、电子设备占领了文博会的许多展台。那时候，有文化企业负责人自嘲“我们是卖电视机的”。

2024年5月23日，观众在第二十届文博会上打卡留影。新华社记者邓华摄

时移世易。再问参展企业，答案已经改成了“我们是卖电视剧的”。

从“卖电视机”到“卖电视剧”，从有形的到无形的，中华文化的魅力绽放。

网文、网剧、网游……第二十届文博会上，“中国风”持续刮出“国际范儿”。

不少网民喜爱的短剧，“出海”正持续提速。枫叶互动是一家面向全球、专注内容生产的公司，推出的短剧产品 ReelShort 2023 年 11 月在美国 iOS 总榜排名前列。

枫叶互动北京公司总经理南亚鹏说，我们已推出两款面向海外全球市场的网文和互动小说产品，现在有很多中国的优秀作家和网文作品，成为后续短剧剧本的重要来源。

“微短剧的海外市场需求很大，期待今年的文博会能够发掘一些优质内容，大家共同去开拓海外市场。”南亚鹏说。

2024 年 2 月，中国社会科学院文学研究所和阅文集团合作发布的《2023 中国网络文学发展研究报告》显示，2023 年网文出海市场规模已经超过 40 亿元，海外网络作家约 41 万名，海外原创作品约 62 万部，海外访问用户约 2.3 亿。

文化是一个民族的灵魂和旗帜。

人们仍然记得，《风中少林》在第二届文博会上“出尽了风头”，受到海外青睐。这个由河南郑州歌舞剧院创作的精品舞剧，充满典型中国文化元素。此后，在美国、澳大利亚等国家演出上千场，走进日本、韩国、加拿大、德国等国家的数十家演艺机构。

以文化自信推动文化自强。展望未来，我国文化产业发展正进入加速期，“中国文化第一展”文博会，也将在不断促进文化资源整合，推动中国文化产业发展，引领具有丰富内涵的中国文化走向国际舞台，高筑文化自信之台，推动文化自强，为强国建设和民族复兴提供坚守正道的定力、砥砺前行的动力和改革创新的活力。

（陈凯星、叶前、孙飞、赵瑞希、吴涛）

02 从渔家文化到文化贸易“黄金口岸”

2017 年，全市文化创意产业增加值突破 2000 亿元，核心文化产品出口占全国的 1/6，在文创产业方面，深圳实现了跨越式发展。

春风吹过满眼绿。从当年名不见经传的渔家文化到现在的文化贸易出口“黄金口岸”，深圳在推动文创产业发展方面蹚出了一条新路子。

打开阀门　文创企业破闸而出

熊大、熊二、光头强……第 14 届深圳文博会上，华强方特展区一个个鲜活的动漫形象，吸引了一拨拨孩子前来围观。

“五部原创‘熊出没’系列动画电影，国内上映刷出 20 亿元票房后，在多个‘一带一路’沿线国家和地区的影院上映，其中《熊出没之夺宝熊兵》在土耳其影院票房夺冠。”华强方特集团总裁刘道强说。

出台配套政策、资金扶持、搭建出口平台……2003 年以来，深圳

观众在第 14 届深圳文博会上观看“熊出没”舞台人偶剧（2018 年 5 月 12 日摄）。

打开文创产业发展阀门，出台《深圳市文化产业发展规划纲要（2007—2020 年）》《深圳市文化产业发展促进条例》等系列规划，将文化产业列入全市四大支柱产业，并定位为优先和重点发展的战略性新兴产业，推动其实现跨越式发展。

华强方特文化科技集团股份有限公司 30 多部原创动漫作品已走进美国、意大利、俄罗斯、新加坡等 100 多个国家和地区。2018 年 3 月，动画电影《熊出没之熊心归来》正式上线全球最大收费视频网站 Netflix，“光头强”形象已走向世界。

华强方特只是深圳文创企业发展的一个缩影。近年来，深圳文化产业充分利用资本、技术、信息等要素市场，依托文化产业园区和基地建设的不断发展，文化产业的集聚效应初步显现，集团化、规模化发展的文化企业数量不断增加。据统计，目前全市有近5万家文化企业，从业人员超过90万人，涵盖了动漫、游戏、设计、数字内容、出版发行等领域。

2017年，深圳文化创意产业增加值达2243.95亿元，增长14.5%，占全市GDP的10%。

搭上科技　中华文化走向世界

在本届文博会5号馆的一个展位上，小朋友用多媒体面板为蜻蜓上色后，在面板上向前一拨，蜻蜓就“飞”到了前方电视屏里的山水画中。

这间名为“你好孔子”（hello kongzi）的4D未来教室由深圳博林文创有限公司打造。2014年开始，博林文创以中国古代私塾里传道授业的老夫子为原型，打造出中华文化的形象IP“hellokongzi”，先后在巴基斯坦、美国、加拿大等国家的10余座城市进行文化巡展。

“高新科技加速中华传统文化走向世界。”博林文创影视动漫事业部总监危艳说，在巡展活动中，主办方邀请海外艺术家在理解“仁义礼智信”的基础上进行艺术创作，并让当地市民对画像进行填色，加深了对中华文化的印象。

在深圳，腾讯、雅昌、环球数码等一批民营文化科技企业迅速崛起，不仅提高了文化产业的科技含量和文化产品的附加价值，也使高科技找到了新的应用领域。与此同时，“文化+创意”“文化+金融”“文化+旅游”等新模式、新业态也不断涌现，并迅速成为新的经济增长点。

“我国传统文化的根不变，但表现形式可以多变。”时任深圳市文体

观众在第 14 届深圳文博会期间参观“你好孔子”4D 未来教室（2018 年 5 月 10 日摄）。

旅游局副局长钱强说，从最初探索和艺术家结合，再到尝试利用先进技术让传统文化与受众更多情景式体验和互动，“文化＋”逐渐显现强大的生机和活力。

加快出口 “黄金口岸”正在形成

“通过文博会等平台，我们的产品和服务遍及全球几十个国家和地区。”雅昌文化集团董事长万捷说，“一年一度的文博会，犹如一条条‘鲇鱼’，搅动海内外文化市场。”

除了搭建“文博会”等国际性的交易平台，深圳还设立专项资金，支持企业到海外参加国际展会，进行商贸推介。

华强方特将自主品牌文化主题公园输出到伊朗、乌克兰、中东等国家和地区；洛可可设计在英国伦敦开设分公司；雅昌、中华商务等荣获全球印刷最高奖“班尼”金奖……以“深圳品牌”“深圳设计”为代表的“中国创造”已成为国际文化市场上的一支新生劲旅。

此外，腾讯控股、天威视讯、A8 音乐、劲嘉彩印集团股份、中青宝网等 40 多家文化企业分别在境内外上市。

早在 2009 年，深圳在全国建立了文化产权交易所，目前已聚集挂牌项目 1500 多个，驻场基金规模超过千亿元，银行授信累计 1200 亿元。另外，还有国家对外文化贸易基地（深圳）、广东国家数字出版基地（深圳园区）、深圳国际版权交易中心等国家级文化产业发展平台建设也在积

在第 14 届深圳文博会“你好孔子”4D 未来教室里，小朋友在用多媒体设备为昆虫上色（2018 年 5 月 11 日摄）。

极推进之中。

“从演出到电影，从图书到游戏，深圳文化企业海外布局越来越活跃。”钱强说，随着我国“走出去”步伐不断加快，深圳文化企业将积极扩展海外市场，形成多元化输出、多方位向国际市场传播中国特色文化的态势。

（周科、王晓丹）

03 文化版图变迁：从文化匮乏变“文化绿洲”

嘉兰图设计公司一派热火朝天，松下、阿尔卡特、摩托罗拉等知名企业的外观设计订单如雪片般飞来；华强文化科技集团在伊朗投建的“方特卡通动漫园”正在封顶……近年来，深圳一大批文化龙头企业拔地而起，文化产业已成为经济重镇深圳的四大支柱产业之一。勇于探索和创新的深圳，在文化发展改革中再次领先一步，形成独树一帜的深圳文化现象。

刚刚 30 岁出头的特区深圳，文化积淀曾相对贫乏。但今天，文化产业已成为深圳继高新技术、金融业、物流业之后的第四大支柱产业，文化产业增加值占 GDP 比重达到 7.6%，被联合国教科文组织授予“设计之都”称号。

当全国许多行业都在为经济增速放缓、发展遭遇“临界点”而忧心忡忡时，来自深圳的一批高增长型文化企业，却令国内同行眼前一亮：腾讯、迅雷、A8 音乐、华视传媒、环球数码、亚太传媒等文化企业 2010 年平均增长速度达 48%。2011 年上半年，深圳仅十几家文化企业的出口总额就达 5000 多万美元。文化产业成为深圳产业升级、加快转变经济发展方式的“动力来源”。

在推动文化改革和发展中，深圳发展模式特色鲜明，形成了“文化+创意”“文化+科技”“文化+金融”“文化+旅游”等产业新模式，文化产业实现跨越式发展，年增速超过 20%，并培育形成一批新的文化业态。深圳文化产业的发展也带动了传统制造业的转型升级，数码产品、珠宝、服装、家具等传统制造业也尝到了“文化溢价”的甜头。

时任深圳市委常委、宣传部部长王京生说，科技创新，为传统文化产业注入了强大的生命力，文化魅力，为现代科技产业提供新的突破口。一个个文化科技企业在深圳崛起的背后，是科技和文化对接后的裂变反应。

文化资源相对薄弱的深圳，文化产业何以在短期内迅速崛起？时任深圳市委书记王荣认为，政府引导和企业主导是文化产业发展的两个“轮子”，只有“双轮”驱动，才能实现产业发展提速。

早在 2003 年，深圳市就在全国率先提出了“文化立市”的战略，2005 年更明确提出将文化产业作为支柱产业来打造培育，并以立法手段相继出台了文化产业发展、创意设计发展、文化产权交易等一系列规划和政策措施，为文化企业踏上快车道奠定了基础。

在深圳，文化企业如鱼得水得益于这里丰富完善的文化博览、交易、投融资等平台。近年来，深圳已初步构建起符合产业发展需求的一整套现代文化市场体系。从文博会到文交所，再到文化产业投资基金，三个国家级文化平台相继在深圳落户运营，形成了文化产业博览、交易和投融资服务的一体化平台，为深圳文化产业发展注入了源源不断的市场活力。

时任深圳市文体局局长陈威说，深圳文化产业的迅速崛起，得益于这里活跃发达的市场经济环境，得益于市场配置资源的强大能力。

深圳目前已形成较为完善的公共文化服务设施体系。从 2007 年 3 月起，深圳每年财政投入 280 万元，率先在全国对博物馆、美术馆、群艺馆、画院等市属公益性文化场馆全面免费开放。

与此同时，深圳各项公益文化活动层出不穷。“深圳读书月”“市民文化大讲堂”“美丽星期天”音乐会，还有专门为外来工举行的“外来青工文化节”等“流动系列文化活动”。仅 2010 年，深圳文化部门就组织周末系列文化活动 1536 场次。

多元的文化和宽松的氛围让群众文化蓬勃发展，民间艺术团、民间博物馆、民间读书会、民间影像会、民间朗诵社等遍地开花，目前深圳已注册的民间文化社团有 200 余家。深圳宝安区福永街道外来工自发组成的“黑皮狗”街舞团还将节目搬上了央视春晚舞台。

时任深圳市委书记王荣说，近年来，深圳从一座历史文化资源底子薄的城市，变为一片郁郁葱葱的“文化绿洲”，荣获联合国颁发的“设计之都”以及“杰出的发展中的世界知识城市”称号。深圳不仅要继续在经济发展方面发挥好探路先锋的积极作用，还要争当文化体制改革和文化产业发展的领头羊。

（王传真、车晓蕙、吴俊）

04 “书香”倾城　内外兼修

像被魔幻的画笔点过，城市变了。

一座座图书馆在高楼大厦间悄然出现；熊大熊二、藏羚王，一个个IP 在都市森林中“出生”“长大”。

倾城之力“做文化”，深圳正在“改变气质”，变成有颜值、有内涵、有筋骨、有自信的文创都会。

内外兼修成就“书香之城”

深圳斥巨资新建的自然博物馆、美术馆新馆于 2019 年年底开工。

深圳“新十大文化设施”动工名单里还有深圳歌剧院、海洋博物馆、创新创意设计学院等，总投入将超过 250 亿元。

“新十大文化设施”将持续刷新深圳“颜值”。而在人流如织的城市里，逛书城成为全新消费时尚，折射出了城市内涵之变。

2018 年 5 月 10 日拍摄的第十四届中国（深圳）国际文化产业博览交易会 1 号展馆。新华社记者毛思倩摄

深圳龙岗书城，8 岁的小朋友王悦在父母陪同下挑选书籍。他的身后，“无人书店”自助购书处人头攒动，书香广场读书活动座无虚席。王悦母亲说，大部分周末，她都会带着孩子来逛书城。

“深圳需要沉淀更多文化内涵。”时任深圳市委常委、宣传部部长李小

甘这样认为。

从新年交响音乐会到国际魔术节、文博会、“一带一路”国际音乐季……近年来，深圳不断完善“文化菜单”，让城市文化生活“月月有主题，全年都精彩”。据深圳市文化旅游部门介绍，深圳建起了650个公共图书馆和295个自助图书馆。平均每1.5万人就有一个基层图书馆服务点，基本形成“一区一书城、一街道一书吧”格局。

正在深圳举行的文博会上，不少参观了城市面貌的学者说，深圳是创新之城，也是名副其实的“书香之城”。

搭建平台锻造“文创筋骨”

在位于文博会五号馆的易尚展区，点一下“万象墙”，栩栩如生的文物就可以在指尖放大、翻转。这个产品可对文物、商品进行三维解读、大数据分析，具有智能交互、新零售广告、“云货架”等功能。

“每年文博会我们都参加。”易尚展示董事长刘梦龙说。得益于文博会，这家公司由传统企业转型升级成为国内3D扫描、AR/VR、低碳循环会展等领域领先的“文化＋科技”型企业，营收也迅速跨越10亿元大关。

除文博会外，深圳还设立了中国设计大展、中国（深圳）国际电视剧节目交易会、深圳动漫节等10余

深圳市龙岗文化地标红立方。

个产业服务平台。

“在这些展会上，我们交流技术、寻找商机、展现自我。”刘梦龙认为，系统化的产业服务平台和创新的文化产业政策为深圳文化企业营造了良好生态环境。

2015 年底，深圳出台《文化创新发展 2020（实施方案）》。此后，深圳还成立了 13 只政府投资引导基金主导的文化产业子基金，设立了文化创意特色银行。

在深圳 50 多家创意设计园区里，激情燃烧，创意升腾。李小甘说，文化产业已成为深圳加快转变经济发展方式、推动社会经济快速健康发展的重要引擎。

记者了解到，截至 2019 年上半年，深圳有文化企业近 5 万家，从业人员超过 90 万人，其中规模以上企业 3100 多家，境内外上市企业 40 多家。

助力文化企业发展

城市气质的改变，城市文化的养成，助力文化企业发展。

近年来，深圳人才净流入率保持高位。“城市气质的改变让人才集聚变得更容易了。”位于深圳南山的华强方特总裁刘道强对此深有感触。

2019 年 4 月，华强方特的东方神画主题公园获国际主题娱乐协会的“杰出成就奖”。“炫酷的高科技需要炫酷的人才。‘文化 + 高科技 + 人才’是方特成功的关键。”刘道强说，几千年中华文明是取之不尽的宝库，女娲补天、牛郎织女、水漫金山……我们的主题乐园里满满都是中国味。

华强方特“走出去”的步伐不断加快，为乌克兰、尼日利亚等国企业提供主题乐园的总体设计服务；自主知识产权的主题乐园成套输出中东；特种电影系统设备销往美国、加拿大、意大利等 40 多个国家和地区。

对于未来，易尚展示的刘梦龙充满期待：通过与顶尖科研机构合作，集聚人才，打造自主知识产权、自有核心技术，集 3D 扫描、3D 人脸识别和人工智能于一体的“3D + AI”芯片。

让文化沉淀，在现代科技的淬炼中孕育出走向未来、走向世界的强劲动能。

伴随着华强方特的《熊出没》等 30 多部原创动漫走出国门，覆盖 100 多个国家和地区、进入迪士尼等主流渠道，深圳雅昌、第七大道等一批具有竞争力的文化科技型企业也纷纷扬帆出海。

2006 年，第二届文博会出口额为 98 亿元，到 2018 年的第十四届文博会，出口额达 185 亿元。

（蔡国兆、李晓玲）

05 深圳构建文化产业发展新模式

深圳市将文化产业打造成继高新技术产业、金融业、物流业之后的第四大支柱产业，并逐步探索出“文化 + 科技”“文化 + 旅游”“文化 + 金融”为特征的发展新模式。

资源配置带动产业转型升级

2002 年的深圳市文化产业增加值总量规模约 55 亿元，占全市 GDP 的比重仅为 2.5%，到 2009 年文化产业增加值达到 531.3 亿元，占全市 GDP 的 6.5%。2010 年上半年，深圳文化产业已实现增加值 280 亿元，支柱产业作用凸显。没有深厚的文化积淀，也缺乏全国知名的文化人才和文化机构，深圳为何能成为文化产业发展重镇？时任深圳市文体旅游局副局长尹昌龙认为，市场的力量是深圳文化产业发展的根本动力。在全球化大市场背景下，并不是谁的资源丰富，谁就能获得发展，更重要的因素应是资源配置的能力。尹昌龙说，文化人和文化产业人并不是一回事，文化市场需求增长吸引了一批商业精英进入这一领域，他们熟悉商业运作模式，善于把文化创意资源转化成商业资源，使深圳成为全国文化资源重新配置的先锋城市。从产业结构来看，由电子信息、家具、服饰等传统制造业起家的深圳，近年来率先全国感受到产业转型升级的压力，而文化正在成为不少传统产业转型升级、增加附加值的“火车头”。如印刷、工艺品制造等传统企业通过充分利用高新技术手段、强化创意设计环节，迅速抢占国内同行业制高点。一些行业以传统模式发展利润空间已非常有限，如通信、电子信息技术已发展到极致，嫁接文化、内容产业成为这类企业实现突围转型的重要渠道。

多元化发展催生文化新业态

由于根植于活跃的市场经济环境，使深圳文化产业呈现出独特的发展模式，文化产业外延不断扩大。“文化 + 科技”是深圳文化产业向高端拓展的突破口，一批代表未来文化产业发展方向的新业态应运而生。其中，深圳华强文化科技集团构建了包括文化科技主题公园、影视娱乐、媒体网络、文化衍生品等的立体多元产业网络，形成一个从创意到末端市场良性循环的优势互补产业链，环幕立体电影系统及影片打入了包括美国、加拿大在内的 40 多个国家。时任华强文化科技集团副总裁尚琳琳说，“文化 + 科技”的新型业态在我国近几年才迅速兴起，有着巨大的发展潜力和市场空间。“文化 + 旅游”是深圳重新配置文化资源的典范。1989 年，华侨城集团创建了我国第一个文化主题公园——锦绣中华，此后又成功建成了民俗文化村、世界之窗、欢乐谷等主题公园，整合了深圳歌舞团演艺公司等文化企业，以特色文艺演出启动旅游文化消费市场。目前以深圳为总部，华侨城“文化 + 旅游”模式已复制到全国 7 省市，净资产达 64 亿元，连续多年作为唯一的亚洲企业跻身世界旅游景区集团前八强。目前深圳已培育出大芬油画村、深圳古玩城等以“文化 + 旅游”带动产业发展的多个重点园区。“文化 + 金融”探索破解文化产业发展的投融资瓶颈问题。2009 年 11 月，深圳文化产权交易所挂牌。2010 年第六届文博会期间，深圳文交所与全国 20 多个省市宣传文化部门，以及金融机构、国际买家签订系列战略合作协议，交易项目成交额达 85.69 亿元。此外，由中央财政注资引导、深圳市参与的中国文化产业投资基金目前已获国家发改委批复筹备，首期募集 60 亿元。这两个与文博会相配套的文化投融资平台的建设，将使深圳成为国内重要的文化产权交易、知识产权评估和投融资服务中心。

政策引导成为产业发展的杠杆

时任深圳市委常委、宣传部部长王京生认为，21 世纪“拼文化”，文化产业的加速发展对于深圳提升发展后劲和竞争力具有重要意义，而创造有利于文化产业发展的政策软环境将起到“四两拨千斤”的“杠杆”作用。王京生说，深圳市在全国最早提出“文化立市”战略，近年来先后制定出台了《加快文化产业发展若干规定》等一系列政策文件，就动漫游戏产业、创意设计产业等出台了专门的鼓励办法，在国内率先制定了第一部扶持文化产业发展的地方性法规。此外，深圳还设立了文化产业发展专项资金，为一批原创研发、高速成长型的文化企业和项目提供资助。深圳搭建了发展文化产业的重要平台——文博会，经过连续 6 届的培育，文博会已成为我国文化产业领域最具实效和影响力的展会，同时也吸引大量资金、项目、技术、人才汇聚深圳，成为引领文化产业发展的“助力器”。据统计，深圳市政府为举办文博会共投入1.5亿元经费，6届文博会总成交额3445亿元。深圳市面对土地资源稀缺的硬约束，还专门为文化产业园区和基地建设制定了鼓励扶持措施，鼓励各区通过与旧城区、旧工业区、旧商业区改造相结合，置换出更多的空间发展文化产业园区，形成文化产业集聚发展的平台。目前深圳市共有各类文化产业园区和基地40多个，涵盖了创意设计、数字内容、动漫游戏、出版发行、工艺美术等领域。

（车晓蕙、王传真）

06 “设计之都”养成记

没有深厚的文化积淀，也缺乏全国知名的文化人才和文化机构，深圳市文化产业却取得了长足的发展，已成为继高新技术、金融、物流产业之后的“第四大支柱产业”，并逐步探索出以“文化 + 科技”“文化 + 旅游”“文化 + 金融”为特征的发展新模式。

从曾经的文化匮乏之地，到被联合国教科文组织授予“设计之都”称号，文化产业发展的“深圳现象”折射出的是经济特区 30 年发展模式的变迁。

自文化产业被列入国民经济统计体系以来，深圳文化产业一直保持快速增长态势。2002 年深圳市文化产业增加值总量规模约 55 亿元，占全市 GDP 的比重仅为 2.5%，到 2009 年文化产业增加值达到 531.3 亿元，占全市 GDP 的 6.5%。2010 年上半年，深圳市文化产业已实现增加值 280 亿元，“支柱产业”作用凸显。

时任深圳市文体旅游局副局长尹昌龙认为，市场的力量是深圳文化产业发展的根本动力。由于城市文化需求强劲，文化供应不足拉动文化市场迅速发展。另外，文化市场需求的增长，吸引一批商业精英进入这一领域，他们善于把文化创意资源转化成商业资源，使深圳成为全国文化资源重新配置的重镇。

从产业结构来看，由电子信息、家具、服饰等传统制造业起家的深圳，近年来率先感受到产业转型升级的压力，而文化正在成为不少传统产业转型升级、增加附加值的“火车头”。

由于根植于活跃的市场经济环境，使深圳文化产业呈现出独特的发展模式，文化产业外延不断扩大，一批代表未来文化产业发展方向的新业态应运而生。

“文化 + 科技”是深圳文化产业发展的突出亮点。深圳高科技产业发达，创新型业态不断出现，腾讯、华强文化科技集团、A8 音乐集团等一批民营文化科技企业迅速崛起。

华强文化科技集团的“环幕立体电影”系统及影片打入美国、加拿大等 40 多个国家。该集团时任副总裁尚琳琳说，在发达国家的文化产业中已经难以分清谁是文化人、谁是科技人，“文化 + 科技”的新型业态在中国近几年才迅速兴起，有着巨大的发展潜力和市场空间。“文化 + 旅游”是深圳重新配置文化资源的典范。以深圳为总部，华侨城“文化 + 旅游”模式已复制到全国 7 个省市。深圳已培育出大芬油画村、深圳古玩城、宝福珠宝产业园等以“文化 + 旅游”带动产业发展的多个重点园区。

“文化 + 金融”探索破解文化产业发展的投融资瓶颈问题。2009 年 11 月深圳文化产权交易所挂牌，成为中央重点支持的国家级文化产权交易机构。2010 年第六届文博会期间，深圳文交所与全国 20 多个省市宣传文化部门，以及金融机构、国际买家签订系列战略合作协议，交易项目成交额达 85.69 亿元。

此外，由中央财政注资引导、深圳市参与的中国文化产业投资基金目前已获国家发改委批复筹备，首期募集 60 亿元。这两个与文博会相配套的文化投融资平台的建设，将使深圳成为国内重要的文化产权交易、知识产权评估和投融资服务中心。

时任深圳市委常委、宣传部部长王京生说，深圳在全国最早提出“文化立市”战略，近年来先后制定出台一系列配套政策文件，就动漫游戏产业、创意设计产业等出台专门的鼓励办法，在国内率先制定了第一部扶持文化产业发展的地方性法规。此外，深圳还设立了文化产业发展专项资金。

王京生认为，21 世纪“拼文化”，文化产业的加速发展对于深圳提升发展后劲和竞争力具有重要意义，而创造有利于文化产业发展的政策软环境将起到“四两拨千斤”的“杠杆”作用。

（车晓蕙、王传真）

07 寻味文博

在人类文明的每一次跃升中，总有一种历史性进步的力量在伴随和涌动。这就是文化。文化是人类的精神财富，更是一个国家、一个民族最深沉、最持久的力量。

2004 年，一颗文化的幼苗在特区深圳破土而出，首届中国（深圳）国际文化产业博览会开幕。创办以来，文博会逐步成长为中国文化产业领域规模最大、规格最高、实效最强、影响最广的展会，并被誉为“中国文化第一展”。

2024 年 5 月 27 日，为期 5 天的第二十届文博会在深圳落下帷幕。从数字技术的惊艳展现，到文创产品的热销，再到传统文化的现代演绎，本届盛会在内容和形式上焕然一新，文化与科技深度融合，映射出我国文化自信的时代华彩，汇聚着深沉而持久的文化力量。

记者一路追寻，在本届文博会上嗅到文化的“三重味道”：科技味、经济味、国际味。

观众在第二十届文博会现场观展（2024 年 5 月 24 日摄）。新华社记者梁旭摄

科技味：数字织梦　文化生辉

戴上 VR 眼镜，观众如身临其境般“走进”莫高窟洞窟之中，不仅可以零距离观赏壁画，360 度探索洞窟细节，还能以游戏的方式与壁画中的“雷公”等神仙一同奏响古乐。

在文博会腾讯公司展区，三维建模、游戏引擎的物理渲染和全局动态光照等技术高精度立体还原了敦煌莫高窟第 285 窟，人们实现与文化遗产的“面对面”交互。

这是文博会的第一重味道。2024 年文博会上，这样的人工智能场景俯拾即是。从传统文化到当前潮流时尚，再到未来文旅消费，前沿科技与文化产业正加速融合，“文化 + 科技”带给人们全新的体验。

记者在广东展区看到，一位观众对着大屏幕提问“请推荐西安三日游的路线”，屏幕里的数字虚拟人“李白”侃侃而谈、文采飞扬，创作了一首五言律诗来回答问题。在深圳元象信息科技有限公司开发的人工智能大模型帮助下，数字虚拟人学习了上百万字的李白生平资料，同时结合现实文旅知识库，数字虚拟人就有了李白的“智慧大脑”，化身多功能智能导游，能够给出建议、规划旅行、撰写游记、吟诗作赋。

“在大模型的加持下，数字虚拟人更加智能、交互性更强，这样的产品在传承传统文化的同时还能创造数字文旅的新体验。”深圳元象信息科技有限公司展区负责人万琳说，广东综合展区设置了专门的“大模型产业应用厅”，以生成式人工智能为代表的新技术，正激活文化领域新活力。

2024 年 5 月 23 日，观众在第二十届文博会上参观陕西展区。新华社记者毛思倩摄

除了非遗技术、文物文创产品等，2024 年文博会上出现了不少“新面孔”。新能源汽车、无人驾驶载人航空器等带有前沿科技元素的产品成了展会“顶流”。

亿航智能公司研发的八轴十六桨无人驾驶载人航空器，能够实现预设航线的载人无人驾驶飞行，做到智能导航、精准起降。一位来自长沙的景区经营者见此情景，欣喜不已："希望这样的航空器能够尽快投入景区运营，给游客带来全新的飞行体验。"

数字织梦，文化生辉。"20 年来，文博会各种'文化 +'正拓展无限空间，注入无穷潜力，催生出不尽的创意创新创造。"时任深圳市社科院院长吴定海说，如今，文化融合互联网、新媒体、高科技等手段，加上各具特色的时代元素，实现了从传统的单一文化产品到多元、跨界的高科技产品。

经济味：交易兴旺　引领产业

油画销售额从 8000 万元到 38 亿元，深圳大芬村靠的是什么？

新世纪画行负责人周小鸿说："2004 年第一届文博会把大芬村定为分会场后，我们的订单就越来越多。"

2003 年，深圳大芬村的油画销售额为 8000 万元；2004 年首届文博会大芬油画村分会场举办后，大芬村的油画销售额跃升至 1.4 亿元；2023 年，超过 8000 名绘画者聚集在大芬村，全年油画销售达 38 亿元。大芬村也被称为"中国油画第一村"。

大芬村油画产业，是观察文博会商贸味的一扇窗口。

借助文博会平台，华夏动漫与日本世嘉株式会社签订 VR 游戏内容及设备出口合约 1.05 亿元；福建德化的"富贵红"瓷器引来 6000 万美元订购大单……2024 年文博会上，超 12 万件文化产品和 4000 多个文化产业投融资项目在现场展示、交易，有 3 万名海外采购商、6 万名国内采购商集体开启"买买买"模式。

上海氦豚机器人科技有限公司韩兆林说："从上海来参加这次文博会，公司不仅招到了外籍员工，还收获了上千万的订单。万商云集这样的效

2024 年 5 月 24 日，观众在第二十届文博会上体验 VR 游戏。新华社记者毛思倩摄

应是我们没有想到的，明年我还要来，而且带更多的朋友来。”

以文会友，以展带商，文博会以博览和交易为核心引领文化产业发展。

数据显示，20 年来，文博会已累计达成超 2.8 万亿元成交额，服务文企机构 42323 个，参观人数 6500 万人。

20 岁的文博会，已成为推动中国文化产业发展的重要引擎。以文博会举办地深圳为例，2004 年首届文博会举办时，深圳文化产业增加值 163 亿元，仅占 GDP 不到 3%。20 年来，深圳文化产业年均增长 15% 以上。目前，深圳文化企业数量超过 10 万家，从业人员逾 100 万人，文化产业增加值达 2750 亿元，占全市 GDP 比重约 8%。

以文为阶，拾级而上。以文博会为媒，深圳还在国内较早组建了文化产权交易所，参与发起设立了首只国家级文化产业投资基金，国家版权交易中心、数字出版基地等也落户深圳。

为强化交易服务功能，2024年文博会还首次上线电商“文博购”。记者看到，采购商和消费者只需通过扫描入驻展商店铺码和展品码，就可以在现场提货或通过快递发货。

“文博会将着力为代表新质生产力的企业和机构搭建展示交易平台，促进科技充分赋能文化产业，展现文化领域新质生产力的广阔发展前景。”文博会组委会办公室常务副主任李强强说。

国际味：博览天下　美美与共

以文会友，博览天下。自创办以来，文博会展会规模、观众数量、国际化程度等不断攀升。

记者在文博会上看到，《赘婿》《琅琊榜》等网络文学IP，以实体出版、影视、动漫、广播剧等多元形态的全链路开发，吸引众多观众驻足。这些作品将国风非遗、民间传说、历史故事有机嵌入历史、现实、科幻等多元题材，在海外刮起网络文学“中国风”。

《2023中国网络文学发展研究报告》数据显示，中国网文出海市场规模超过40亿元，海外访问用户约2.3亿。文博会上，以网文、网剧、网游为代表的文化出海“新三样”同样引人关注。

在米哈游展位，《原神》游戏人物形象展板吸引了众多粉丝排队合影。作为一款二次元开放世界手游，《原神》将中国戏曲、传统节气等中国文化与外国文化元素充分融入游戏，在众多手机游戏中脱颖而出。展台工作人员介绍，《原神》目前已被译制成14种语言版本，在全球200多个国家和地区发行，并在70多个国家和地区位列游戏畅销榜第一。

2024 年 5 月 24 日，《庆余年》在第二十届文博会上展出。新华社记者毛思倩摄

文化扬帆出海，让世界读懂中国。双向奔赴中，尽显美美与共。越来越浓的国际味，是记者嗅到的第三重味道。

本届文博会，首设国际文化贸易展，国际展区面积比上届扩大 7 倍，国际“朋友圈”持续扩展。俄罗斯美术家协会、英国爱丁堡商会、日本熊本县工艺馆、西班牙贸易协会参展；德国法兰克福书展远渡重洋，携特色图书首次亮相……展会吸引了来自 60 个国家和地区 302 家海外展商线上线下参展，108 个国家和地区、3 万余名海外专业观众线上线下参会、洽谈订货。

“线上同步展览，打破地理界限，全世界文化爱好者都可以参与到文博会活动中来。”德国柏林自由大学汉学家、教授欧乐·德林说，“我希望能以书会友，让更多的德国朋友了解中国文化，也能让更多的中国朋友了解德国文化，加强中德文化交流。”

20 年来，文博会已累计交易展示海内外文化创意产业展品超 200 万种、文化产业投融资项目超 7 万个。借助文博会平台，一批企业成为领军者，塑造文化产品形态，引领未来发展潮流。

从卖原创动漫到出口主题公园，十余年间，华强方特集团的动漫作品被翻译成 100 多种语言，发行覆盖 130 多个国家，动画电影还在 70 多个国家影院上映。“既立足中国原创故事和价值观，又运用国际化表达和呈现方式，对标国际标准，贴近全球受众，积极融入海外市场，文化‘走出去’的步履才会从容、稳健、自信。”华强方特集团董事长、总裁刘道强说。

透过文博会这一平台，我们看到一个古老却质新、悠久又活泼、可敬而自信的中国，昂首阔步，大步向前！

（周科、王丰、陈宇轩）

08 为讲好新时代中国故事汇智聚力

面对移动互联网的风起云涌，国际传播生态发生了哪些深刻变革？置身新媒体时代，国际传播事业应该如何迎接挑战、拥抱机遇、创造未来？

2023 年 6 月 8 日，在由中宣部国际联络局指导、新华社研究院主办、深圳市委宣传部承办的新媒体时代的国际传播创新分论坛上，有关智库、学者、媒体代表等聚焦相关话题，进行了交流探讨。

2023 年 6 月 7 日，习近平总书记在致首届文化强国建设高峰论坛的贺信中指出，党的十八大以来，我们把文化建设摆在治国理政的突出位置，不断深化对文化建设的规律性认识，推动文化传承发展，社会主义文化强国建设迈出坚实步伐。

建设文化强国的征程上，国际传播工作承担构建中国话语和中国叙事体系的重要职责，发挥着彰显中华文明兼收并蓄开放胸怀、推动各国文明交流互鉴的重要作用。

新华通讯社社长傅华表示，中国日益走近世界舞台中央，国际社会高度关注中国道路、中国方案，更加希望聆听中国观点、中国声音。我们要善用信息化之力和移动互联网之变，创新话语体系，丰富产品供给，扩大落地渠道，加强交往交流，更好提升国际传播影响力、中华文化感召力、中国形象亲和力、中国话语说服力、国际舆论引导力。

“以人工智能为代表的新一轮科技革命和产业变革正在深刻重塑国际舆论格局。”人民日报社编委委员、海外版编辑部总编辑陈贽认为，新媒体时代，创新国际传播应充分利用技术创新成果，不断提升媒体自身平台的智能化水平，切实提升国际传播效能。

“在国际传播中讲好中国故事、传递好中国声音和主张，关键要找到海外受众的关注点和共情点，用他们熟悉的话语体系讲故事。”时任中央广播电视总台编务会议成员、CGTN 主任范昀说，要创新话语表达和叙事方式，努力实现与世界的共情共振。

时任深圳市委副书记余新国表示，深圳将加快对外宣传渠道建设和媒体融合，创新推进国际传播能力建设，全面立体讲好中国式现代化的深圳故事，为增强中国文明传播力、影响力，展示丰富多彩、生动立体的中国形象彰显深圳担当。

本次分论坛设置了“精准传播·话语构建”“深度融合·技术赋能”“创新迭代·赛道转换”“智库发声·聚合发力”4 个沙龙对话。20 余位与会代表进行了深入交流，碰撞思想火花。

精准传播和话语构建，是国际传播的关键问题。

“国际传播中的斗争精神就是一种发自内心的自信。”在复旦大学中国研究院院长张维为看来，中国应该形成自己的指标体系。西方传统量化指标中，任何一个细微变化都会导致整个结果的变局，中国有很多很好的来自传统的定性定位方法，讲究大道至简。

时任深圳报业集团党组书记、社长丁时照认为，新媒体时代的国际传播，要进行高质量传播，也就是价值传播和有效传播，要把和平发展、公平正义、民主自由等全人类共同的价值观传播得“理直气壮”，这是阻力最小，见效最快的传播。

伴随着人工智能的快速发展，媒体深度融合的未来走向，以及新技术新应用如何助力国际传播创新，成为与会人士关注的问题。

南方科技大学人文社会科学学院院长陈跃红表示，在国际传播和交流过程中，实现有效交流，必须减少文化误读，打破信息藩篱。有效运用新媒体和垂直领域的应用，建设新的交流传播业态，将有助于我们进一步穿透文化壁垒，为今后的中国文化推广和中国式现代化建设作出贡献。

“媒体融合不能仅仅谈技术，也不能仅仅局限在数字技术，落脚点一定是为了文化传承、文化繁荣、文化强国。”中国传媒大学文化产业管理学院院长熊澄宇说，在塑造中国形象、讲好中国故事的同时，还应该把文明互鉴作为努力的方向。

谈及分论坛对文化强国建设和国际传播创新的关注，深圳大学教授、资深翻译家何道宽直言十分欣慰和感动。近年来，年逾八旬的何道宽十分关注人工智能等新技术对信息传播、传统文化带来的深刻影响和推动。“从良渚申遗成功、到三星堆考古取得重大成果、再到敦煌等文化遗产大放异彩，我们每个人都应该去特别关注悠久的中华文明，借助数字化技术，让中华文明传播得更为深远。”一番话语，尽显坚定的文化自信。随着技术的快速发展与媒体的加速变革，当前，国际传播的赛道发生变化，报道手段、平台等愈发多元。

“国际传播面对的是不同国家区域和不同受众，语言文化和思维习惯不同，这要求国际传播的内容和渠道要高度适配，特别是要培养适合国际传播的语言体系和形象表达，让海外受众能够读懂中国故事。我们正着手建立媒体、智库、政府、机构、民间等高效协同的中国式话语体系。”香港大公文汇传媒集团深圳新闻中心主任黎冬梅说。

“我们还要进入西方主流媒体发声，这也是增进相互了解一个很好的方式。”新华社记者徐泽宇认为，国际传播中，既要在新的舆论空间建立自己的阵地，还应该进一步直接抵达对方的阵地，通过呈现我们自己的话语和叙事争取更多知华友华的力量。

建设中国特色新型智库是国家软实力的重要载体，也是构建具有鲜明中国特色的战略传播体系的重要一环。

“国际传播千条万条，基本一条还是沟通中外。”时任中国社科院国际合作局局长王镭说，国际传播要有效作用于受众，需要加强国际传播规律研究，做到跨国背景下的“识民情、接地气”，着力打造融通中外的新概念、新范畴、新表述，构建易于为国际社会所理解和接受的国际传播话语叙事体系。

“中国在国际话语场域中要想获得话语权，首先就需要有自己的原创话语。”西南政法大学人权研究院执行院长张永和表示，在国际传播中，智库能够发挥重要作用，通过主动设置议题、丰富话语成果形式、创设国际共识话语品牌等，助力增强中国话语的国际说服力。

（王思北、余俊杰、邓瑞璇）

09 凝聚思想共识　担负新的文化使命

聚集最强大脑，发出文化强音。5月23日至24日，2024文化强国建设高峰论坛在深圳举行，来自全国各地的专家学者、业内人士及相关从业者汇聚一堂，以“中国式现代化与新的文化使命”为主题，围绕“文化产业创新发展”“数字时代出版人才发展”“加强全媒体传播体系建设”“电影业高质量发展”“加强文化遗产的整体保护和活态传承”“推动文化贸易高质量发展”“繁荣文艺创作”“人文湾区 机遇湾区”等8个方面内容，分享真知灼见，增进思想共识，凝聚起推进文化强国建设的强大合力。

紧扣时代主题

本届文化强国建设高峰论坛共有8个分论坛。与会嘉宾表示，此次分论坛紧扣“中国式现代化”时代主题，汇聚起文化强国建设的思想合力。

2024 年 5 月 23 日，2024 文化强国建设高峰论坛在广东深圳举办。本届论坛主题为“中国式现代化与新的文化使命”，由中宣部主办。新华社记者邓华摄

围绕文化主体性的坚守与中国式现代化的内生逻辑，与会专家表示，中华文明之所以源远流长、绵延不断，就在于坚守本根、海纳百川、与时俱进的文化自信，本质上是文化主体的创造性，具有历史主动性的精神。

“在推进中国式现代化道路上，我国坚持传承中华优秀传统文化，坚持物质文明与精神文明协调发展，坚持人与自然和谐共生，探索出一条和平发展之路，为构建人类命运共同体贡献了中国智慧和中国力量。”清华大学文科资深教授汪晖以“中国化、中国式现代化与多元一体的文明进程”为题发表演讲。

在本届论坛上，以新质生产力赋能文化产业发展成为与会嘉宾共识。

“推动文化贸易高质量发展”分论坛，将一堂题为“新质生产力与文化贸易高质量发展”的公开课作为开场。“文化产业创新发展”分论坛则分别举行了两场嘉宾演讲和两场圆桌论坛。 嘉宾演讲以“新科技激活文

化产业新业态”“文化新业态的爆款密码”等主题分享观点。在场嘉宾表示，要坚持文化与经济融合互动，以文化产业繁荣激发经济发展活力，坚持文化与科技双向赋能，加快形成文化新质生产力。

搭建交流平台

为期两天的论坛，汇聚全国行业大咖，搭建了一个有效沟通的文化交流平台。

“加强全媒体传播体系建设”分论坛聚焦数字化信息化时代的媒体变革，通过分析当前面临的机遇与挑战，探讨建设全媒体传播体系和巩固壮大主流思想舆论的新方法、新路径。

“论坛上，大家打开各自的‘思想库’，积极为行业建言献策，带来诸多思考和启示。”腾讯公司副总裁陈勇说，算法可以选拔优质内容，形成广泛传播，要从战略高度推动人工智能背景下的全媒体传播，完善人工智能赋能体系建设。

在这场文化交流和碰撞的舞台上，如何保护、挖掘和传承中华优秀传统文化，引发在场嘉宾的热议。

敦煌研究院名誉院长樊锦诗表示，挖掘弘扬敦煌文化遗产所蕴含的中华民族生生不息的开拓精神、共生精神和人文精神，有利于我们感悟祖先的智慧、感知民族的精神，树立文化自信，赓续历史使命，守护并传承中华民族的文化根脉。

在“人文湾区 机遇湾区”分论坛上，星竞威武集团董事长兼 CEO 何猷君表示，优质要素的聚集和流动，展示出粤港澳大湾区的非凡活力，金融、交通、产业体系的互联互通已形成不可阻挡的时代机遇。在这样的潮流趋势下，大湾区更加需要以文化交流合作的形式去巩固融合成果。

2024 文化强国建设高峰论坛电影业高质量发展分论坛在深圳举办。

引领文化风向

思想火花碰撞，真知灼见汇聚，共同聚合成推动文化繁荣、建设文化强国的共识。

中国人民大学校长林尚立就哲学社会科学的演进与中国自主知识体系的建构进行阐述。“以人类文明发展史开篇，要以中国式现代化迎接哲学社会科学发展的新时代。”他表示，随着中国式现代化所承载的数字时代的新型现代化成为人类文明新形态，成为人类现代化发展的新中心地带，哲学社会科学发展的中心地带向中国转移将成为一种发展趋势。

在“数字时代出版人才发展”分论坛上，时任上海理工大学校长丁晓东说，面向智能时代的融合出版，高校出版人才培养应注重跨学科能力的提升，在大出版观、融合、智能这三方面上下功夫。“‘大出版观’指导下的出版人才培养，关键要‘破圈’‘跨界’，寻求与其他学科、领域、产业的融合。”

针对网络平台的抄袭跟风，抖音总裁韩尚佑认为，这极大地伤害了整体内容的原创性，“希望平台和整个文化产业能给更多的内容创作提供机会和空间，给予扶持帮助”。

对于电影业高质量发展，青年导演陈思诚表示，技术要更好地服务叙事。寻本逐源，探究真正与这个时代能产生共振，走到人民心中的内容。“文本是电影创作中最重要的部分，应该思考这个时代需要什么样的新电影。”

（周科）

10 深化改革推动文化繁荣 创新开放激发文化活力

5月26日至27日，2025文化强国建设高峰论坛在广东省深圳市举行。本届论坛主题为“深化文化体制机制改革 激发文化创新创造活力”，与会人士围绕“构建中国哲学社会科学自主知识体系”“文化和科技融合发展”“主流媒体系统性变革”“繁荣文艺创作”等话题，分享真知灼见、发出文化强音，为进一步解放和发展文化生产力、扎实推动文化繁荣、建设文化强国凝聚共识力量。

深化改革激发创新创造活力

文化兴则国运兴，文化强则民族强。深化文化体制机制改革，是担负新的文化使命的必然要求，必须通过改革进一步破解深层次体制机制障碍，激发文化创新创造活力。

“推进主流媒体系统性变革”是党的二十届三中全会部署的重大改革

2025 年 5 月 24 日，人们在南非开普敦参加第三届“文化中国 · 开普敦龙舟节”的 1500 米龙舟竞速赛。新华社发

任务。

中国社会科学院新闻与传播研究所所长胡正荣说，如何构建一支政治坚定、本领高强、求实创新、能打胜仗的全媒体人才队伍，已成为主流媒体系统性变革的核心命题之一。要将高校的人才培养力、科研机构的技术创新力、媒体的实践检验力深度耦合，形成“需求共研—联合培养—资源共享—成果共用”的生态闭环。

文化遗产承载灿烂文明、传承历史文化，是不可再生、不可替代的宝贵财富。在加强文化遗产保护传承论坛上，中国文化遗产研究院院长凌明说，当前文物建筑的保护面临自然、人为因素等挑战，需通过系统性保护与体制机制创新予以应对，要进一步具体落实文物保护修缮中的“最小干预原则”，推进文物保护利用科学技术体系化发展。

坚定不移将文化体制机制改革引向深入，要不断优化文化服务和文化产品供给机制。武汉大学党委常务副书记沈壮海表示，数智时代既要注重文化建设中的数智之“用”，更要注重优化完善文化数据筛选机制，高质量推进文化数字化进程，以优秀文化增益数智之“能”、涵养数智之“情”，使生成数智的“源头活水”源泉不竭、水网纵横、水质更优、养分更足。

科技融合加快赋能文化建设

多位与会嘉宾指出，要推动文化和科技融合，深入实施国家文化数字化战略，用好人工智能等前沿技术，加快文化建设数字化赋能、信息化转型。

文化与人工智能的邂逅中，更多潜能正在激活、更多精彩持续演绎。文化和科技融合发展论坛上，小红书集团资深副总裁汤维维说，小红书依托多模态 AI 模型和动态学习机制，融合自然语言处理、光学字符识别与计算机视觉，实现从“直接翻译”到“文化适配”。

哈尔滨工业大学（深圳）特聘校长助理张民表示，从翻译工具到文化桥梁，多语言技术正在重新定义文化传播的可能性。它不仅是理解中国的钥匙，更是推动世界文化多样性共生与互鉴的基石。

数字技术在文化遗产保护领域的应用也日渐深入。腾讯可持续社会价值事业部数字文化实验室负责人舒展说，不少文化场馆借助 AI、VR 等技术研发导览助手，开发沉浸式体验产品，既服务了游客，同时也是一种新型的文化传承。

以先进技术为驱动，新质生产力正在赋能更多文化内容生产。中国工程院院士丁文华表示，在艺术创作过程中，恰当使用 AIGC 技术，可有效赋能各环节，实现提质、生成、增效、降本的作用。

开放包容深化文明交流互鉴

文明因交流而多彩，文明因互鉴而丰富。

粤港澳大湾区作为中国开放程度最高、经济活力最强的区域之一，“人文湾区 数智湾区”论坛上，各界人士围绕在文化强国建设中贡献湾区力量建言献策。

全国政协文化文史和学习委员会副主任、澳门文化界联合总会会长吴志良表示，粤港澳大湾区的文化价值在于它同时具备三重文明属性：中华文明连续性发展的前沿阵地、社会主义文化创新性转化的试验平台、全球化时代人类共同价值的对话窗口。

香港西九文化区表演艺术主管（戏曲）钟珍珍说，内地演出院团可利用港澳地区“出海”便利等有利条件，让中华优秀文化“走出去”。

近年来，中国文化贸易在出海征程中成绩斐然，以网文、网剧、网游为代表，成为我国文化出海“新三样”。

数智赋能文化贸易论坛上，三七互娱党委书记、集团高级副总裁杨军说，三七互娱将中国文化元素融入游戏研发与运营，打造具有中国文化特色的精品内容。同时结合现代科技与创新手段，推动中国传统文化的创造性转化与创新性发展，助力中国传统文化全球传播。

在全球视野下，中国的城市实践正在开拓“城市作为文明容器”的新命题。

中山大学中文系教授、广东省作家协会主席谢有顺说，如广州永庆坊改造项目，保留了社区的原有肌理和社会网络，重塑了街坊生活美学，也激发了社区经济活力。

（孙飞）

第二章

文化科技：数字浪潮下的文明重塑

科技与文化深度融合，为产业发展注入无限可能，数字创意产业蓬勃兴起，成为深圳文化产业的闪亮名片；文旅、文体等多元融合模式，丰富了文化消费场景，满足了市民与游客日益增长的精神需求。在国际舞台上，深圳文化以《咏春》等精品为先锋，展现中华文化魅力，提升城市国际影响力。

01 舞剧《咏春》：英雄精神戏里戏外共振穿越时空

2023 年 3 月 17 日至 19 日，长沙梅溪湖国际文化艺术中心大剧院内，舞剧《咏春》的主演签售会队伍从剧场一楼排到了二楼，乍暖还寒的气温下，观众的热情丝毫不减。这是《咏春》继深圳首演之后走向全国的第一站。

2023 年 3 月开启全国巡演的《咏春》，由深圳市委宣传部、深圳市文化广电旅游体育局出品，是一部致敬平凡人的英雄故事舞剧。它以 20 世纪 90 年代一个深圳剧组拍摄的电影《咏春》为引，将“戏外”的《咏春》剧组与“戏内”赴香港打拼的叶师傅两条线索在剧中并行展现、无缝切换，两个故事承载的“拼搏精神”在不同时空中同频共振、温暖人心。

英雄，如戏里的“叶师傅”，从“咏春堂”的挂牌到亲手摘牌，打破门户之见、将毕生武学毫无保留地传扬四海，播下了咏春的种子，枝繁叶茂成一棵参天大树；平凡，如戏外的“电影人”，至今时今日每

舞剧《咏春》演出海报。出品方供图

一个怀抱着理想奋斗的普通人，皆是这棵大树的枝枝蔓蔓，每一根枝杈都在尽全力输送养分，每一片绿叶都在用生命歌咏春天。

2023 年 3 月开始，《咏春》这部舞剧将在北京、上海、天津、广州、武汉、长沙、杭州、昆明、苏州、南京等 30 多座城市演出 80 余场，时间跨度达 6 个月。

总编导韩真介绍，《咏春》创作前期，团队曾在深圳以及周边有过很长时间的采风，一次次的考察孕育了《咏春》“双非遗”的独特题材。“我们发现，广东地区对武术喜闻乐见。咏春人物（叶问）生于佛山，后来去了香港，这是在湾区文化背景里成长起来的人物。”除了“咏春拳”，离乡赴港时贴身穿着的一袭“香云纱”也象征着叶问对家乡佛山的眷念。

主创团队表示，叶师傅到香港后，“香云纱”代表了他对故乡的思念，也代表了母亲的呼唤、妻子的温柔，是叶问与故土之间永远不可隔断的精神纽带。主创团队在创作题材中融汇国家级非遗项目与岭南民俗文化，以国家级非物质文化遗产“咏春拳”“香云纱”为题材与展现形式，将满满的深圳元素赋予新创舞台剧中，推动这两个非遗项目的创造性转化、创新性发展，联结传统与现代，为《咏春》的故事底板注入了深厚的文化内涵。

深圳出品的舞剧《咏春》剧照。出品方供图

虽然运用了“叶问”这一深入人心的IP形象，但不同于以往的文艺创作，《咏春》不是一部“单纯讲述一代宗师英雄故事的舞剧”。“我们套用了拍摄《咏春》电影的方式，用南下打工的大春这样一个小人物的拼搏与剧中叶师傅在香港的成长经历，在戏里戏外建立了情感的勾连和共鸣。”总编导周莉亚介绍，剧中人物大春的原型，来源于深圳电影制片厂的一位老图书管理员，“他把制片厂的资料安排得妥妥帖帖，曾经上映过的每一部电影都有一个大的资料包。资料包里有当时的宣传文案，也有很多剧照，这些东西深深打动了我。”

韩真表示，关注“叶问”的同时，《咏春》也将平凡人物的奋斗故事融于国运当中，以“双线叙事”展现了一脉相承的民族精神。

将传统武术融于舞蹈之中，是《咏春》的另一亮点。“中国武术能够展现勤奋、刻苦、技不离身等特点，同时还可以展现中国人温良恭谦的态度。”韩真说，以舞释武、刚柔并济，通过古典舞与现代舞艺术承载厚重的传统文化，“我非常有信心观众会喜欢这种表达方式”。

“舞中带武，武中有舞，赞！”这样的创新形式果然赢得了“满堂彩”。《咏春》“出圈”之前，韩真、周莉亚这一对“舞剧双子星”共同执导了《只此青绿》《永不消逝的电波》《沙湾往事》《花木兰》等许多脍炙人口的舞剧，强大的“破圈力”背后是对传统文化的精心诠释，更是对时代精神的精准把握。

“站在民族复兴伟业的历史新起点上，要把准当代中国文艺的历史方位，我们要坚守人民立场，坚持守正创新，用跟上时代的精品力作开拓文艺新境界。”韩真说。

在传统与现代的联结中，《咏春》照见时代的倒影。有专家称，这也是粤港澳大湾区文化融合的一次新尝试。文化学者胡野秋表示，《咏春》将非遗文化与岭南民俗风情无缝对接，融合多种武术和舞蹈语汇，这样突破性的表现方式“将为大湾区的文化融合探索出一条新路径”。

深圳市委常委、宣传部部长张玲表示,《咏春》以同根同脉的民族亲情和自立自强的中华儿女本色为立意，塑造了以广东武学宗师为代表的“中国英雄”形象，以“扶弱小以武辅仁”的尚武崇德精神凝聚人心、弘扬民族自信；同时，植根粤港澳大湾区发展历程及人文风貌，紧扣时代脉搏，致敬在“英雄精神”感召下的平凡人的创造精神、奋斗精神、团结精神和梦想精神。

（陈凯星、周科、黄雨佳）

02 科技让文化“信手拈来”

从读书到“听”书，从支起幕布观影到“移动电影院”……第十四届文博会日前在深圳落下帷幕。记者在为期 5 天的文博会上深刻感受到百姓文化生活发生的巨变。

能“听”的图书

戴上耳机，就可以在愉悦的轻音乐中听书的内容。这让来自辽宁鞍山的 89 岁的刘家泽老人感慨万分：原来书还可以这样“读”！

文博会 4 号馆，在线音频平台喜马拉雅 FM 在现场设置了 10 余个听书体验台供参观者体验，耳机里不间断地播放着不同的有声书内容。

喜马拉雅 FM 工作人员介绍，现在越来越多的人通过听书来增长知识。音频具有伴随性，有温度、有情感的朗读让文字更富有生命力。

听书已经成为越来越多读者的选择。统计数据显示，截至 2018 年

第十四届中国（深圳）国际文化产业博览交易会主展馆（2018 年 5 月 13 日摄）。新华社记者毛思倩摄

5 月初，喜马拉雅 FM 平台已有 4.7 亿激活用户，用户日均使用时长 128 分钟，音频内容超过 1 亿条。

文博会的阅读区里，从纸质书到电子书，从看书到听书，从有人书店到 24 小时无人书店……文化搭乘科技的“快车”，正不断丰富人们的阅读体验。

记者在文博会 1 号馆看到，一间不到 10 平方米的 24 小时无人值守书店，吸引着不少参观者一探究竟。体验者需扫描二维码绑定身份、刷脸进门，选定图书后在收银台识别书籍信息，再通过刷脸或扫码完成自助付款。

可“动”的影院

如果没有时间去影院观看公映的大片，怎么办？

记者在本届文博会上找到了答案，一种全新的观影模式——“移动电影院”在文博会期间发布。只要通过手机或平板电脑等移动终端下载App，就可以同步观看正在院线公映的大片。

来自河北的安晓曦下载了这款App。“工作忙，我经常没有时间去影院，以后我可以在上下班路上看电影了。”她开心地说。

据了解，我国已经成为全球最大的电影市场之一，但很多地方依然缺少电影院。如今，通过“移动电影院”等移动终端的开发，缺少实体电影院的边远地区也能欣赏最新大片。

“活”起来的文物

本届文博会雅昌艺术中心分会场，故宫博物院的“发现·养心殿”主题数字体验展让参观者仿佛穿越到了古代。

触摸屏幕360度浏览“数字多宝阁”、体验制作樱桃烧肉等菜肴的“亲制御膳”、通过体感设备试穿清宫服饰、戴上VR头盔体验批奏折……

参观者李君说：“整个展览突破传统模式，让我仿佛走进了真实的养心殿。”

时任故宫博物院副院长冯乃恩介绍，本次展览运用AI、VR、语音图像识别等多种先进技术，观众可以与“朝中重臣”自由对话，可以鉴赏珍贵文物，还能去皇帝的后寝殿里“溜达”一圈。

除此之外，观众还可以通过艺术看展App，欣赏到360度全景式的

在第十四届文博会雅昌艺术中心分会场，小朋友在“发现·养心殿”主题数字体验展上体验“亲制御膳”（2018 年 5 月 12 日摄）。

“千里江山图特展”和依托高仿真技术复制的王羲之的行书、仇英的工笔画等艺术珍品。

（周科、王晓丹、吴燕婷）

03 大漠大智控点亮“赛博烟花”

中欧班列穿越时空隧道，沸腾火锅里跳出巨大辣椒，山茶花、新春灯笼接连登场……蛇年春晚重庆分会场，3000 架无人机带来的“赛博烟花”在夜空绽放。这些“空中演员”，来自广东深圳大漠大智控技术有限公司。

2016 年，“60 后”刘汉斌选择无人机创业时，未承想，他带领的团队可以短时间内走出一条以天为幕的新“赛道”，产品服务远销 50 多个国家和地区。

从文旅景区、晚会演出，到品牌广告；从 80 架、3000 架，到 1 万多架；从平铺闪灯、图文切换，到三维造型、动态变化……天空不是极限，通过不断进行技术创新，大漠大智控正不断打开无人机场景应用发展新空间。

市民、游客在深圳湾观看大漠大智控呈现的10197架无人机编队表演（2024年9月26日摄）。新华社记者梁旭摄

从零起步，打开新业态之门

2024年国庆前夕，超万架无人机在深圳飞上低空，为市民和游客带来无人机灯光秀的同时，也创造了“单台电脑控制最多无人机同时升空”“最多无人机组成的空中图案”吉尼斯世界纪录。

新潮的无人机往往与创意勃发的年轻人关联。而这场表演的实施者，大漠大智控董事长刘汉斌却是个“60后”。

“虽然年长一些，但心理年龄却不老。”在深圳龙华区数字创新中心的办公室，刘汉斌笑着对记者说，自己的学习、工作、成长经历，为创业作了充分准备。

十多年前，随着微机械陀螺仪（MEMS陀螺仪）、开源飞行控制系统的成熟，消费级无人机开始出现，大疆等产品逐步走入大众视野。

这也让刘汉斌感到兴奋。“我 1988 年大学毕业到一家企业的研究所工作，接受过空气动力学课程的培训，一直对飞行器感兴趣。”刘汉斌说，他 20 世纪 90 年代下海来到深圳，在数据通信领域积累了“技能点”，在消费级无人机爆发的前夜，自己感到创业的时机快成熟了。

随后，刘汉斌回到老家湖北，天天与航模圈的“发烧友”交流学习，经过了一年，直言“集齐了无人机创业的‘知识拼图’”。2016 年，他与华中科技大学的校友、南京航空航天大学的师生成立了公司。

“最开始我们只是做无人机飞行控制系统的研发，但一个偶然的机会，让我们转舵到无人机编队表演。”刘汉斌说。

2015 年底，英特尔公司在德国汉堡用 100 架无人机完成了一次无人

市民、游客在深圳湾观看大漠大智控呈现的 10197 架无人机编队表演（2024 年 9 月 26 日摄）。新华社记者梁旭摄

大漠大智控 10197 架无人机进行编队表演（2024 年 9 月 26 日摄）。新华社记者梁旭摄

机表演。视频传入国内，引起电视台导演关注，该导演联系到在业内已经小有名气的刘汉斌团队：能否在 2016 年 6 月纪念红军长征胜利 80 周年的节目中，做一场类似的无人机表演？

“接到任务时，只剩 25 天。”刘汉斌回忆，他与团队伙伴们以小时为单位倒计时，分工协作、研发制造、测试飞行。

来自南京航空航天大学的同事有 1 台电脑控制 5 架无人机的技术，但当时无人机使用无线电通信实时控制，若数量多、范围大，需要解决通信问题。“我正好对这块比较熟悉。”刘汉斌对同事说，“你把代码从 5 架扩展到 100 架，我来负责搞定通信。”

在位于深圳市龙华区的大漠大智控生产车间，工人在检测第四代无人机（2025 年 3 月 18 日摄）。新华社记者梁旭摄

如今担任大漠大智控副总经理的覃海群当时还是研一学生。

“当时，条件比较简陋，无人机表演需要靠同伴们手工打造，大家手工缠灯带、用手量无人机之间的距离。”覃海群说，大量的测试工作在户外进行，夏天天气炎热，还有同事中暑，休息恢复后继续投入工作。

努力终获成功。2016 年 6 月 25 日，80 架无人机同时起飞，80 颗五角星点亮夜空，刘汉斌团队完成了无人机编队表演——《红星照耀中国》。

“表演成功后，大家都跳起来鼓掌欢呼。”覃海群说，“国外企业能做到的事，我们也齐心协力做到了。”

里程碑意义的“第一次”，也坚定了刘汉斌的信念：唯有创新，才能打开未来发展的更大空间。

更新迭代，以技术创新开拓更大市场

从 0 到 1 难，从 1 到 100 也不易。

如何让无人机表演更加标准化，是大漠大智控面临的首要难题。

“早期的技术比较有限，我们需要通过大量人力弥补控制上的不足。”覃海群说，“当时 100 架无人机要 6—8 个飞手做安全应急时的手动备份控制，飞机飞到哪里，我们的飞手就需要拿着遥控器在地面上跟着跑到哪里。”

2017 年，大漠大智控开始在珠海长隆海洋王国驻场表演。公司技术支持工程师刘笑语回忆，从摆放到开机，每一个流程都要一架一架手工操

大漠大智控的 10197 架无人机编队表演创造了“单台电脑控制最多无人机同时升空”“最多无人机组成的空中图案”吉尼斯世界纪录。这是表演结束后，大漠大智控团队成员合影留念（2024 年 9 月 26 日摄）。新华社记者梁旭摄

在位于深圳市龙华区的大漠大智控办公室，艺术设计部的员工在设计无人机表演的图案（2024 年 12 月 25 日摄）。新华社记者梁旭摄

作，一排人弯着腰，看起来像在“插秧”。

如何减少人工操作流程、降低“插秧”距离误差？如何让更少的飞手控制更多的无人机，甚至归集到 1 台电脑终端之中？如何提高无人机在空中的稳定性？

研发，试错，完善，升级。2022 年，大漠大智控推出了第三代“无人机集群自动化表演系统”，无人机直接“从箱子中起飞”，大大提升了自动化、智能化水平。

“至此，我们的无人机可以一键实现全部加电、自动健康检查、3D 实景仿真，自动起飞之后还能回到箱中自动完成收纳，定位精度达到毫米级。”覃海群说，公司统计数据显示，这一系统可令无人机表演场地面积减少 80%、人力成本降低 50%、执行效率提升 6 倍。

在位于深圳市龙华区的大漠大智控生产车间，工人在生产第四代无人机（2025 年 3 月 18 日摄）。新华社记者梁旭摄

更多数量的无人机，也对后台负载和数据库分析能力提出更高要求。覃海群说，为解决无人机通信频率干扰、降低飞行安全隐患，大漠大智控选择自组局域专网进行通信，“在我们的局域网里，一个无线接入点能够负责 200 台左右无人机的通信”。

景区驻点演出、婚庆场合表演、企业拍摄广告……

随着技术和应用更加成熟，无人机表演的市场也不断拓展。大漠大智控的统计数据显示，至今公司已在国内超 50 座城市建立天空数字新媒体常态化应用基地，与国内 100 余家文旅景区和主题乐园合作演出，拥有超 100 项核心自主知识产权，成为国家专精特新“小巨人”企业，年营收过亿元。

发展的脚步，也向海外行进。

大漠大智控副总经理、海外市场部部长何振川说，2019 年大漠大智控第一次走出国门，在印度恒河上空做了一次宝莱坞电影发布的无人机表演。2021 年迪拜世博会上，大漠大智控又连续做了数月的无人机表演。但当时，受技术、人力等局限，出国表演服务的成本很高。

“随着我们研发出搭载新系统、更加成熟稳定的产品，2022 年公司开始大力开拓海外市场。”何振川说，当时新产品的第一个客户是韩国客户，我们在线上远程教学，一个星期就教会了他们使用我们的产品进行飞行表演。

“越来越多的海外客户在网上看到我们的飞行表演视频后，主动与我们联系。”何振川说。截至目前，公司产品已销售到日本、韩国、墨西哥、巴西、澳大利亚、阿联酋等 50 多个国家和地区。

不到 10 年间，大漠大智控从以人工为主操作 80 架无人机表演，升级到超万架无人机箱式起飞、自动降落。“技术上来说，无人机飞行数量已不再是难题。”覃海群说，“未来，要更加注重内容创意，让无人机编队表演更好看、更有意义。”

努力奔跑，在新赛道上点亮美好发展前景

技术进步使无人机表演市场价格下滑，部分文旅景区和主题乐园对无人机表演产生“审美疲劳”，个别安全事故带来负面舆情冲击……伴随行业快速发展，一些“成长的烦恼”也有所显现。

行业发展中的问题，要靠发展来解决。

“我们还在不断创新。”刘汉斌说，比如在近期的无人机表演中，已经可以演示出人们打乒乓球、打咏春拳的丝滑视频画面。

“飞上天空的无人机组成上中下 3 层网格，每一层每个无人机之间间

大漠大智控技术人员现场执飞 10197 架无人机进行编队表演（2024 年 9 月 26 日摄）。新华社记者梁旭摄

距约 0.6 米，从地面往上看，成百上千架无人机点位复杂度、密集度进一步提升，观众如同观看一部‘空中电影’。”刘汉斌介绍。

“我们还在不断挖掘提炼新的文化符号并融入到设计中，寻找科技与艺术的平衡点。”大漠大智控艺术设计部部长彭灵说。

在刘汉斌看来，未来的无人机表演，可以是电子烟花、亮化载体，更可能是空中媒体。

“烟花只能营造氛围，而无人机表演能呈现更精准具体的内容。”深圳市无人机行业协会会长杨金才说，无人机表演还自带低碳环保、高新科技等亮点，有望成为新一代的宣传媒介。

“无人机集群可能会像路灯、户外电子大屏一样，成为城市基础设施的一部分。”覃海群说，“只要按一下遥控器，无人机编队就可以自动起飞进行表演。”

安全问题也正在引起社会更多重视。刘汉斌说，近年来大漠大智控持续加大安全投入，并发布了《无人机编队飞行表演安全规范》，“无人机飞得更安全，才能更好助力低空经济行稳致远”。

2025 年 1 月，一场无人机编队灯光秀在济南章丘明水古城举行，2000 架无人机在空中时而形成盛大烟花，时而组成太空飞船，时而呈现时髦少女，引发观众瞩目。

覃海群介绍，这次表演使用了大漠大智控最新发布的第四代“无人机集群自动化表演系统”，通过搭载智能降落伞触发装置，当无人机出现异常状况时，能够在 30—60 米的高空自动开伞，减缓坠落速度，保护无人机和地面财产。同时，无人机防雨、耐寒等标准均有所提升。

春节后，覃海群感觉海外订单更多了、工作更忙了。“2024 年公司出口比 2023 年同比提升超 30%，今年以来延续了强劲的增长势头。”

在位于深圳市龙华区的大漠大智控生产车间，工人在生产第四代无人机（2025 年 3 月 18 日摄）。新华社记者梁旭摄

天上几分钟，台下数年功。“无人机表演产业正朝着安全化、自动化、智能化和网络化四大趋势发展。”刘汉斌说，坚实的技术支撑，是天马行空的想象得以实现的基石，我们将持续加大研发创新、不断优化方案，为企业及行业发展创造更大空间。

（王攀、孙飞、梁旭）

04 在这里，让传统文化“活”起来

点击屏幕，选择一块唐代的石碑，历经千年风霜，石碑上的汉字已经模糊不清。不过没关系，只需要点击旁边的微痕修复、数字拓片等功能按钮，高清的石碑图片瞬间映入眼帘，汉字的笔画完整饱满，还能自动生成对应的白话文，阅读起来毫不费劲。

在第二十一届中国（深圳）国际文化产业博览交易会上，像“石碑修复大师”这样古今交织的文化展品吸引了大量观众围观体验。在前沿技术的帮助下，传统与时尚碰撞出火花，源远流长的中华文化拥有了越来越多的现代活力。

站在距离屏幕 2—3 米的距离，国宝级文物“马踏飞燕”的裸眼 3D 视频效果很好，甚至连马身上的斑斑锈迹也清晰可见。深圳臻像科技有限公司工作人员李德霞说，这样的文创产品汇集了数据采集、3D 建模、裸眼 3D 显示等技术，已经在景区、展览、博物馆等场合广泛应用。

2025 年以来备受关注的人形机器人，也变身成为“文化人”。一袭

2025 年 5 月 24 日，在第二十一届文博会上，观众体验用数字技术修复石碑文字。新华社记者陈宇轩摄

白衣的“李白”拿着酒杯，旁边的“杜甫”手持毛笔，以其独有的个性和风格与人们互动交流。据大连蒂艾斯科技发展股份有限公司工作人员许贤明介绍，通过对古代文学、历史知识、人物经历的深度学习，机器人不仅能够复现李白、杜甫的诗文，还能进行相关文化背景解读，让人们在景区游览时多了一份乐趣。

记者在会上注意到，当前，越来越多的文旅大 IP 与科技企业走到了一起，共同挖掘传统文化的现代属性。

在甘肃展区，敦煌研究院与腾讯公司的合作让“数字敦煌”成为“顶流”。借助虚实融合技术，莫高窟第 285 窟得以 1∶1 还原，观众只需扫码，就能随时随地欣赏高清壁画，深入了解洞窟知识，仿佛身临其境。在技术的帮助下，甲骨文、北京中轴线也在数字世界获得新生。

在河南展区，洛阳与深圳元象信息科技有限公司联合对龙门石窟进行了实地全息扫描，依托 AI 大模型实现高精度重建还原，开发了沉浸式 VR 互动电影《永远的盛唐》，观众能够在虚拟世界里走进龙门石窟、盛唐街市，体验盛唐时期古都洛阳的繁盛景象，感受历史人物的风采。

元象科技副总裁孔博表示，前沿技术激发了文旅消费市场的活力，希望通过文博会这一平台，让更多人了解 VR 大空间这一新兴沉浸娱乐业态，感受 AI + 3D 技术的魅力。

在前沿技术的帮助下，传统文化不仅“活”起来，还以新的呈现形式融入了现代生活，获得了新的生命力。

在湖南展区，云鸟、龙凤、藤蔓等来自马王堆的汉代纹样引人注目。为了进一步挖掘这些纹样的文化内核，湖南博物院与马栏山文化数字化创新中心共同建设了马王堆汉代纹样基因库，开展纹样研究、纹样提取、二

2025 年 5 月 23 日，观众在文博会现场体验 VR 修复永乐宫壁画。新华社记者梁旭摄

次创作、图库开发，从而构建纹样基因库，不仅让沉睡的文物“苏醒”过来，也给当代设计积蓄了灵感和源泉。

经过设计师的再次演绎，这些纹样重新焕发艺术生命，通过展览、出版、文创产品等多种方式，继续传播出去。湖南博物院文创研究中心主任张煦表示，这些数字化的纹样不仅是文化资源，更是一把钥匙，打开了文物纹样走向文创产业的通道。

（陈宇轩）

05 深圳时尚：从“批发”到“原创”

2021 年 12 月初，第一届南油中国（深圳）原创时装周开幕。孵化原创设计师，成立时装设计师产业联盟，形成良性产业发展生态……从改革开放初期的“三来一补”，到如今的追求原创设计，以南油为代表的时尚产业集聚区，浓缩创新之城深圳的时尚“转型密码”。

深圳金晖南油时装原创中心创始人尹之军的信心更足了。

从“三来一补”和服装批发干起，尹之军在南油挣得了“第一桶金”，但传统模式的危机感让他一直在思考如何转型。

“批发和代工生意逐渐进入瓶颈，人工费用不断走高，电商模式带来冲击，国内消费者的消费水平和审美意识也在不断提高，只有依靠原创设计才能获得新生。”尹之军说。

改革开放初期，深圳南山区南油大厦及周边区域因靠近蛇口工业区，一批外贸服装加工厂在此落地生根；经过多年发展，这里的外贸服装产业逐渐壮大。

顾客在深圳金晖南油时装原创中心购物。新华社记者孙飞摄

近年来，随着向原创设计转型，深圳南油正迸发创新发展的新活力。

2015 年，尹之军将位于南油区域的金晖大厦整体改造为时装原创设计中心。如今，这里已会聚 146 名原创设计师。

毕业于北京服装学院的赵健东曾在国内知名服装企业工作，几年前他与小伙伴联合创立了 DOUBLEX 女包设计师品牌。

“我们坚持‘实用异型’的包袋设计理念，主要灵感来源于建筑和几何学概念，想打破常规包袋给人的刻板印象，每年销售额近千万元。”赵健东说，自己的品牌 2020 年进驻金晖南油时装原创中心，这里都是原创设计师，平常大家交流合作、共同发布都很多，每年还有 2 次时装新品走秀，为自己的品牌孵化“插上翅膀”。

"中国的原创设计近年来发展迅速，大家更觉得服装要蕴含自己的文化、自己的设计，比如'新中式'款式日渐受到消费者的欢迎。"尹之军说，自己还推出了"To C"的"后浪"设计师品牌孵化中心，希望培养更多原创设计师。

数字化转型也在加速"深圳设计"奔向世界舞台。

在深圳龙华的大浪时尚小镇，赢领智尚等企业通过数字化转型，实现了多品类、小批量、定制化的女装柔性生产模式。

到 2021 年，大浪时尚小镇已汇聚超 600 家时尚企业，年产值过百亿元。

深圳市服装行业协会的数据显示，到 2021 年，深圳拥有 2500 多家服装企业，90% 以上是自有品牌；有近 10 家品牌企业成功上市，并在国际时尚舞台崭露头角。

时任深圳创新创意设计发展办公室主任韩望喜说，"深圳设计"呈现产业结合度较高、行业自治程度较高、公众参与程度高、政策支持力度大等特点，伴随海内外不断提升的知名度、影响力，"深圳设计"已成为新的城市名片。

（孙飞、印朋）

06 千年文脉激起新浪潮

5月的鹏城，阳光愈发炽热，第二十一届中国（深圳）国际文化产业博览交易会于2025年5月22—26日在深圳举办。一件件文艺精品集中亮相、一个个创新成果闪亮发布，一场场推介订货密集上演，引领文化产业发展风向。记者在这个被誉为“中国文化产业第一展”的文博会上感受到，伴随新一轮科技革命的方兴未艾，千年文脉在时光的流转中掀起一股澎湃的创新浪潮，蕴藏着勃勃生机的经济社会发展新动能。

文产加速升级

数字创意、微短剧、生成式人工智能应用……本届文博会以“创新引领潮流　创意点亮生活”为主题，吸引超过12万件文化产品、4000多个文化产业投融资项目参展，“科技+文化”持续创新呈现，催生文化新业态、产业新模式、消费新体验，折射了文化产业的加速升级。

2025 年 5 月 25 日，观众在文博会文化产业综合展馆参观。新华社记者肖恩楠摄

在文博会推出的永乐宫游玩之旅中，记者头戴 VR 眼镜，可以看到三清殿的琉璃正脊、纯阳殿的青绿山水画卷，感受“人在画中行，景随步履生”的诗意境界。

科技与文化的深度融合，正推动文化体验从传统的“静态观赏”向“沉浸互动”转变，使文化成为可感知、可参与、可创造的鲜活存在。同时，科技对文化产业的推动力，已从最初的工具辅助转变为叙事结构与传

播方式的核心驱动。

在文博会 13 号馆，数字华夏（深圳）科技有限公司的人形机器人“夏澜 S01”与现场观众频繁互动。现场该公司工作人员介绍，该款人形机器人头部有 29 个电机，可以做到 7 个种类 22 种表情，孕育广阔发展空间。

记者了解到，文博会的专业馆已从最初的 5 个展馆扩展为 21 个展区，形成功能更加精细、内容更加丰富的展示体系，涵盖非遗工艺、文旅消费、电竞游戏、文创设计、潮玩文化等多个领域。“自 2004 年创办以来，文博会从展区结构、展示内容到核心定位的演变，见证了中国文化产业从‘有形产品’向‘多元生态’的升级。”文博会组委会办公室主任刘蕾说。

2025年5月23日，学生在文博会上观看机器人表演英歌舞。新华社记者梁旭摄

文化赋能潮起

文化市集、文创专区、热销商品榜……本届文博会上，文化消费新场景热潮涌动，展会流量正变为经济增量。

孵化和运营“奶龙”等原创型 IP 的第七印象相关负责人说，2025 年文博会上公司全球首发了奶龙 AI 玩伴机器人，通过陪聊、陪学、助学、游戏、创编故事等智慧功能，全方位复刻奶龙角色，让小朋友们喜闻乐见的奶龙变成现实中的朋友，“去年奶龙等 IP 授权、内容发行、产品等业务收益超 8000 万元，近期我们正在推进内容产品出海”。

深圳国际文化产业博览交易会有限公司总经理方石玉表示，文博会的展区设有发布专区，开幕首日在展位首发的新品就有 80 多项，既有初创企业，也有大型体育赛事的特许商品等。

本届文博会特别策划了 22 项促交易措施，实现交易环节的全面扩容、全链赋能。如“文博会消费季”将联合淘宝、京东、腾讯等平台，为参展商提供全域流量支持和出海服务；打通“展前配对—展中直购—展后云洽”全周期供采对接服务链等。

文化消费的持续创新，赋能文化产业快速发展。数据显示，截至 2024 年，文博会累计总成交额超 3 万亿元，服务文化产业企业机构超 4.5 万个，交易展示海内外文化创意产业展品超 200 万种。

文博蓄势未来

年年“景”相似，岁岁“质”不同。文博会的一年一岁壮大，是文化产业发展成果的交融，更是传统文化在时代发展中的传承、创新、融合。文化之力既赋能当下，更蓄势未来。

2025 年 5 月 24 日，在文博会天津展区，名流茶馆的快板表演吸引孩子们驻足观看。新华社记者肖恩楠摄

本届文博会上，传统文化元素随处可见，焕发出新的生机与活力。

如河北展区的“幸福任意门”互动装置，以中国人“串门”文化为灵感，将燕赵大地的千年文脉与山河盛景以奇幻方式呈现，观众只需轻触控制面板，就能开启穿越燕赵知名文化场景的奇妙之旅。而 AI 动态复原《正定胜迹图》，通过“藁城宫灯”为介质的雷达探照漫游技术，让长乐门列阵练兵、阳和楼元曲诗会等场景活灵活现，使观众沉浸式感受千年古城魅力。

作为我国目前唯一的国家级、国际化、综合性文化产业博览交易会，文博会已从最初的 4.5 万平方米扩展至如今的 16 万平方米，参展企业数量也从 700 多家增至 6280 家，每年的展览推动了全国文化产业的整合和升级，不断擦亮“中国文化产业第一展”的金字招牌。

“这不仅是一个汇聚文化与创新的平台，更是中国文化产业从自我觉醒到体系成熟的缩影。”刘蕾说，文博会是文化的盛会，也是一个文化产业发展的“风向标”，它以文化为根、科技为翼，为文化产业蓄势未来，在推动中华优秀传统文化创造性转化、创新性发展，促进文化产业高质量发展，加强国际文化交流合作等方面发挥着越来越重要的作用。

（周科、孙飞、白瑜）

07 “新面孔”见证“文化+科技”产业新赛道

如果有人对文化产业博览会的印象还停留在非遗技术、文物文创产品、传统技艺表演等方面，那么正在深圳举行的第二十届中国（深圳）国际文化产业博览交易会（以下简称“文博会”）一定可以刷新他们的认知。人工智能大模型、新能源汽车、无人驾驶载人航空器等带有前沿科技元素的产品成了本届文博会的“顶流”。

一位观众对着大屏幕提问“请推荐西安三日游的路线”，屏幕里的数字虚拟人“李白”侃侃而谈、文采飞扬，创作了一首五言律诗来回答问题。在深圳元象信息科技有限公司开发的人工智能大模型帮助下，数字虚拟人学习了上百万字的李白生平资料，同时结合现实文旅知识库，数字虚拟人就有了李白的“智慧大脑”，化身多功能智能导游，能够给出建议、规划旅行、撰写游记、吟诗作赋。

“在大模型的加持下，数字虚拟人更加智能、交互性更强，这样的产品在传承传统文化的同时还能创造数字文旅的新体验。”元象科技展区负

文博会上展出的人工智能大模型及其应用（2024 年 5 月 24 日摄）。新华社记者陈宇轩摄

责人万琳说。

腾讯混元大模型用于新闻采写制作、云天励飞“云天天书”大模型规划文化消费路线、依托粤港澳大湾区数字经济研究院“封神榜”大模型研发的 AI 毛绒玩伴“爱小伴”……在本届文博会上，广东综合展区设置了专门的“大模型产业应用厅”，展出了多个具有代表性的场景和产品，展示科技创新赋能未来文化生活的新画卷，以生成式人工智能为代表的新技术，正催生文化领域新质生产力，撬动文化产业新变革。

新能源汽车开进文化产业的展会，吸引了不少观众的目光。一边坐车一边用大屏看电影、电视剧、综艺节目，已经成为当前新能源汽车的卖点之一。

随着汽车智能化的持续升级，汽车与人的交互不断增加，车不再仅仅只是一个交通工具，而是逐步具备社交、办公、娱乐等多重属性，汽车将成为居住空间、工作空间之外的“第三空间”，娱乐化、专业化的趋势正在走强。操作系统、车载光学产品在新能源汽车领域的广泛应用，为汽车行业带来了全新的视觉体验，新能源汽车已经成为文化产品承载展示平台，并助力打造文旅新场景。

激光彩色车灯，让汽车在户外随时随地升级为私人影院。深圳光峰科技股份有限公司在本届文博会上重点展示了车载显示产品，包括天幕投影、侧窗投影、智慧表面、大屏投影等应用。光峰科技公关经

2024 年 5 月 24 日，观众在文博会上体验新能源汽车。新华社记者赵瑞希摄

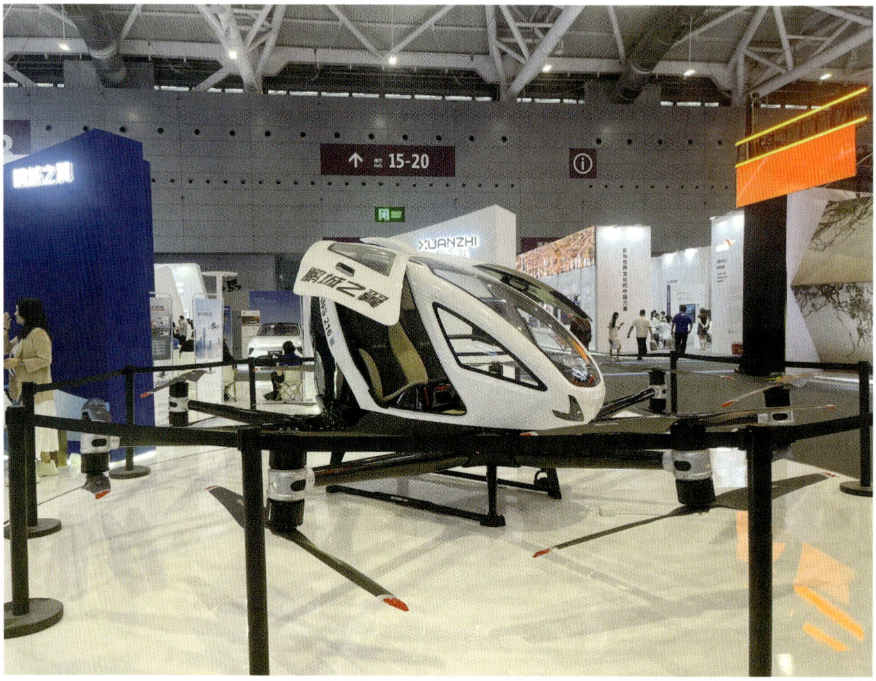

文博会上展出的无人驾驶载人航空器（2024 年 5 月 24 日摄）。新华社记者陈宇轩摄

理李豪然告诉记者，企业紧抓新能源汽车发展机遇，以核心技术赋能车企智能化应用，先后获得数家国内外头部车企、一级供应商的定点合作。

除了地上跑的，还有天上飞的。当前，低空经济方兴未艾，亿航智能公司研发的无人驾驶载人航空器也出现在本届文博会现场，这款八轴十六桨的“飞机”，能够实现预设航线的载人无人驾驶飞行，做到智能导航、精准起降。

一位来自长沙的景区经营者正在现场咨询交流，她所在的景区打算推出新的互动项目，希望这样的航空器能够尽快投入景区运营，给游客带来全新体验，也给景区带来新的业绩增长点。

本届文博会组委会办公室常务副主任、深圳市文化广电旅游体育局副局长李强强表示，本届文博会着力为各类创新企业和机构搭建展示交易平台，促进科技充分赋能文化产业，展现文化领域新质生产力的广阔发展前景。

（王攀、陈宇轩、赵瑞希）

第三章

文化惠民：全民共享的精神家园

深圳的文化惠民实践，是一场温暖人心的城市文化滋养行动。深圳通过构建“十分钟文化服务圈”，让文化触手可及。全市各类图书馆（室）、文化馆（站）、博物馆、美术馆超 1800 家，均免费开放并错时延时服务，部分提供 24 小时服务，让市民随时能沉浸文化海洋。深圳读书月、市民文化大讲堂、创意十二月等品牌活动，丰富了市民精神生活，“一键预约”平台让参与文化活动更加便捷。“云上图书馆 · 码上阅读”等数字阅读品牌、“圳精彩”和各区“文体通”等公共文化数字服务平台，打破时空限制，满足市民多样化文化需求。

01 科技助力开启文化遗产保护“数字新天地”

手指划过屏幕，喜峰口长城的每块砖石都纤毫可见，未来沿着台阶上下，再穿行过城门洞，瞬间便能从满目葱郁，变成雪飘冰封；轻轻一触，便是晚唐、北宋直到清末的千年时光，从洞窟开凿、封藏万卷、重现于世、文物流散到再次聚首，可以亲历敦煌藏经洞和6万卷敦煌文书的厚重与传承；阔别千年，曾侯乙编钟一比一的复制件在数字世界中被“敲响”，磅礴的旋律喷涌而出，庄严诉说着先秦灿烂的礼乐文明和中国青铜时代的辉煌历史；“字简而义尽，文约而音赅”，古拙而意味深长的古琴减字谱也在数字世界中记录历史遗音，复刻古人指尖与心中的绵长意蕴……

这些都是由数字科技打造的文化体验；是变幻莫测的数字技术，也是内容丰厚的历史传承。云游长城、数字藏经洞、数字中轴·小宇宙……腾讯公司高级副总裁马晓轶说，游戏科技和数字技术在文化遗产保护领域有着极大的拓展空间，伴随着产品形态和研发方式的迅速演变，包含更多

“云游长城”产品画面。

应用领域的“超级数字场景”逐步变成现实。

敦煌和长城：游戏科技与文保“相遇相知”

2015 年，在一次外出团建活动中，马晓轶偶然与敦煌相遇，而这次偶遇，成为腾讯游戏“数字文保”业务绽放异彩的开始。

“那是一次难得的参观经历，我们看了很多壁画，觉得它们这么漂亮，我们第一个想法就是还有多少人没看到这么漂亮的历史珍品？第二个想法，就是我们的游戏能不能借鉴这么漂亮的传统文化？第三个想法，就是我们还能为传承这些弥足珍贵的文化珍品做些什么？这三个问题，就贯穿了我们数字化文保探索的始终。”马晓轶说，从那时开始，有没有可能用最前沿的数字技术将文物的真实状态展现出来；能不能用一种更加互动和生动的方式，让文物蕴含的信息触达更广泛的用户群体，是一直在思考的问题。

2023年4月，腾讯与敦煌研究院联合打造的“数字藏经洞”上线。作为全球首个“超时空参与式博物馆”，“数字藏经洞”综合运用高清数字照扫、游戏引擎的物理渲染和全局动态光照、云游戏等游戏技术，复现藏经洞及其室藏万卷的历史盛景，开辟了文化遗产创新性转化与呈现的全新模式。项目上线首周，超1400万人次涌入小程序，超40万人在云游戏中深度体验。未来“数字藏经洞”将面向海外推出多语言版本，推动全球文明交流互鉴。

在敦煌的“试验”，并不是孤例。

2022年6月，腾讯联合中国文物保护基金会等专业机构及社会团体共同推出的“云游长城”探索项目上线，项目通过应用前沿游戏科技，毫米级高精度复刻了一公里喜峰口长城。目前，“云游长城”（香港版）已经进入香港中小学，成为丰富课程的延展学习资源。

“数字中轴·小宇宙”完整产品于2024年夏天正式上线。用户能在其中自由探索北京中轴线的恢宏气势与四季变化，“身临其境”体验北京中轴线背后丰富的历史文化。

正在开展的中国传统器乐数字化保护项目“听见数字山河”，以游戏的音频技术及算法能力，数字化存储中国珍贵传统器乐的乐音、乐谱，在音色采集保存、古乐谱研究等方面展开保护和科普工作。

回顾这一系列探索性工作，马晓轶说，本质上，文化遗产保护追求的是更有效的信息管理，“游戏沉淀了大量技术能力，可以很好地解决文保

腾讯游戏音频团队对曾侯乙编钟 1 ： 1 复制件音色采样。

的一些痛点，两者的结合，既能让用户以极低的门槛，在移动设备上就能沉浸感受文物真实情景，同时还能让用户像玩游戏一样，在里面自由探索，按照自己兴趣生动了解文物信息”。

为全球数字化文保探索提供“中国路径”

在中国艺术研究院副研究员、全国网络文化标准化技术委员会委员孙佳山看来，从视觉文保项目的数字化，到听觉项目的数字化，当前中国文保数字化进程已经走在了世界前列。

“游戏产业的技术其他产业领域可能也在使用、发展，但游戏产业极为丰富的场景环境，特别适合文物保护验证与运用这些技术；同时，与文保项目的结合，又为游戏科技丰富文化内涵、符合社会主流价值需求提供了极为宝贵的平台，这种‘双赢’局面推动双方的合作不断持续、深入发展。”他说。

“从全球范围看，不仅很多游戏技术我们是领先的，而且我们在用游戏技术做文保方面也积累了大量经验，也是领先的。”马晓轶说，事实上，当前世界上文保数字化项目更多是个人爱好性质的单打独斗，类似“云游长城”“数字藏经洞”“数字中轴线”这样的由政府和企业合作推进的大规模数字化文保项目，并不多见，对于全球而言都有示范和借鉴意义。

技术与文化的深入碰撞，并非简单的扫描、建模和“上云”。

“比如敦煌项目，我们最早碰到的问题是如何将敦煌特别丰富的内容，充分完整地表达给受众，特别是年轻受众，而不是简单地将九色鹿、飞天这些‘标签化’；第二个挑战，就是既要保证良好的用户体验，又要符合学术规范，决不能将错误的文化理念和细节带给读者、用户乃至玩家。”马晓轶说。

在敦煌项目上，腾讯和敦煌研究院从整体策划、项目脚本到文物细节，全程都进行了紧密协作。马晓轶说，为了还原早已不复存在的宋代当地建筑三界寺，研究院专家找到了藏经洞出土文物作为布局参考图，退休的老建筑学专家还连夜绘制了符合现代透视原理的示意图，“腾讯的团队也像做学术一样，根据完善的资料考证，不断修改细节，3D 模型甚至包括了四个不同年代的莫高窟外崖面、洞窟壁画，每个年代的差异都一一做了真实还原，最终呈现的效果，就是‘学术 + 技术’的结晶”。

此外，在马晓轶看来，文保数字化的另一个重要经验，就是需要做到让用户有参与感。如敦煌藏经洞项目创造性借鉴游戏叙事和互动，让用

已不复存在的宋代当地建筑三界寺在数字世界再现。

户“穿越”到不同时代，参与到藏经洞千年跌宕起伏的历史故事中，让用户在互动体验中学习知识点，大幅降低用户的学习门槛。

立足游戏科技迈向“超级数字场景”

在数字藏经洞、云游长城等项目中，数字化技术做到了“纤毫毕现”——每一块砖石都经过高清晰度扫描，一毫米一毫米地被记录下来。马晓轶说，尽管投入巨大，可能目前用户也没有感受到每一块砖能起什么具体的作用，“但我们希望先把它采集下来，说不定将来可以起更大的作用”。

在马晓轶的构想中，还有更为宏大的数字表达：云游长城，可不可以按照时间轴复原不同年代“截面”的长城实景，让人回到真实的历史时刻；也许可以对全国的重要古建筑进行数字化扫描和复原，这些复原结果也可以运用到当代的文化艺术活动和产品之中……

在马晓轶看来，随着游戏技术跨界应用的不断涌现，游戏将有望突破既有产业范畴，迎来全新的“第三次扩容”，游戏会形成“超级数字场景”。

“前两次扩容源于计算平台的变迁，一次是从单机到网络，一次是从PC到移动，用户数量从数千万增长到数亿，再到数十亿，都属于游戏产业规模的量变。现在的第三次扩容，则是更根本的质变，游戏技术正越来越广泛地融入游戏之外的更多领域，成为一种更为通用的技术体系。”他说。

如今，从突破性的我国首个完全自研全动飞行模拟机视景系统，到游戏驱动机器人加速智能学习项目，更多的数字化探索还在继续，马晓轶说，在工程技术层面，腾讯也正在推进跟英伟达等全球多家顶级厂商深度合作，尝试将游戏引擎和工具链打造成一个可以跨团队、跨公司协作的“联机游戏”，让更多人，甚至人和程序、人和PCG技术、人和AI，都能一起在虚拟空间中协作，打造出下一代实时协作技术方案。

（王攀）

02 从“千村一面”到“各显神通”

2022 年伊始，深圳再次传来喜讯：2021 年经济总量突破 3 万亿元！这个用县域大小面积创造了省级经济体量的经济特区，再次跨上一个新台阶。

然而，你很难想象，就是在这样一座城市，依然有 1000 多个城中村散落在城市各个角落，即便是最核心的 CBD，也能见到“城村共生”的景象。

在特区数十年的快速发展和城市滋养中，这些城中村变了，从“三来一补”的“千村一面”到产业形态更迭的“各显神通”；但它又没变，依然具有包容、奋斗的精神和充满无限可能的梦想。

这里既有蓝领工人和小商贩，也有程序员、设计师和公务员。它不只是物理空间的接纳，更含有深圳数十年来形成的基因。春节期间，记者走进多个城中村一探究竟。

深圳市光明区公明街道下村社区的西柚小镇。受访者供图

新旧之间看“变”

房屋外墙被涂上彩色的图案，注入有品位、有文化、充满现代感的各种特色元素，恍如来到动画中的村庄。

位于深圳市光明区公明街道下村社区的西柚小镇，56 栋普通农民房被重新定位后，摇身一变成为年产值超 5 亿元的产业空间。

从单一的房屋出租到集人才公寓、创客办公、涂鸦艺术、网红打卡场景、主题商业为一体的综合体，西柚小镇是深圳众多城中村的一个缩影。

漫步在宝安区松岗街道南岸村，一条以琥珀为主题的步行街，四条以蜜蜡、血珀、金珀、蓝珀为设计元素的巷道，让这个昔日布满管线“蜘蛛网”的城中村有了独特的韵味，成为宝安的又一个网红打卡地。

变，是深圳城中村永恒的主题。

城中村是深圳“三来一补”时代的独特产物，是众多外来务工人员的

深圳市福田区沙头街道新洲村的餐饮店。受访者供图

“第一落脚点”，居住是其主要功能。近年来，深圳采取“物业托管＋统租运营＋综合整治”方式推进城中村综合治理，解决了环境脏乱差、治安管理薄弱、交通不便等系列问题。

宜居宜业“看得见月亮”、一村一景“忆得起乡愁”、历史与文化交融“留得住记忆”……如今，这些城中村不再是过去单一的居住载体，更是创业、就业、商业的重要场所。

快慢之间看“融”

陈旧、落后、低端。有人说，与高端的写字楼和花园小区相比，城中村是深圳发展慢的表现。

走进深圳市中心区的新洲村，每到中午饭点，饭戒新洲店会收到周边写字楼外卖订单的“密集轰炸”，“90后”老板吴万章总是气定神闲。

他的“秘密武器”是后厨里的智能滚筒炒菜机和单份菜炒菜机器，数字化、智能化、精细化的管理，出餐只需8分钟，足以应付每天中午的订单高峰。“店面虽只有50平方米，但每天营业额过万元，线上交易占八成。”吴万章说。

这样的案例，在深圳城中村俯拾皆是。

除了餐饮业，快递业、高科技企业、智能化生活等也在城中村“开枝散叶”。

在龙岗区南湾街道南岭村，从种田、到“种房子”，再到“种高科技公司”，当地正探索“创投+孵化器”，成立深圳首个社区股份公司创投

深圳市龙岗区南湾街道南岭村。受访者供图

深圳市龙华区观澜街道鳌湖村全貌。受访者供图

基金，投资生物科技、人工智能等 10 多家初创企业。

走进南山区南山街道南园村可以看到，自助服务平台等超 50 个“互联网 + 服务”载体下沉到村居之中，居民可自助办理户政、出入境、交管等业务，实现“数据多跑路，群众少跑腿”。

村融入城，城包容村。融，贯穿深圳城中村的发展始终。

进退之间看“势”

散落在城市各个角落，如同“见缝插针”。有人说，深圳的城中村“城不像城、村不像村”。

位于南山区沙河街道的白石洲村，因距离深圳的“科技心脏”南山科技园不到 2 公里，这里“烟火气”和“科技味”交融，部分区域已经进入旧改流程，从传统的城中村向“未来智慧城市”目标迈进。

伴随城市的发展和产业转型，部分城中村顺势而为，在深圳先行示范的道路上“探路先行”，也有不少城中村闹中取静。

地处龙华区观澜街道的鳌湖村，是一个百年历史客家古村。2012 年以来，世界各地的艺术家陆续聚集于此，结合当地特色开展艺术创作。经过艺术家们的设计和改造，这个村已逐渐将古村、艺术、日常生活连接起来。

记者看到，公园、酒吧、咖啡厅、餐厅等点缀其中，不同风格、不同类型的人群在此共同生活。“古村的传统文化激发艺术家创作灵感，艺术也改变了村民的思维和观念。”村民邓春儒说，大家共同创造新的村落文明，推动鳌湖村与城市共融。

截至目前，深圳已有甘坑客家小镇、沙栏吓村、鹏城村、上围村和鳌湖村 5 个省级文旅特色村，呈现出古老村落、文化艺术与现代城市的共生共存。

未来之势，就藏在城中村“各显神通”的进退之间。

（周科、孙飞、王丰）

03 300年深圳老宅与戏剧“长守”

夜晚的海风，从深圳东部海岸线的大鹏湾翻过马峦山，吹到了山脚下有近300年历史的长守村。江氏客家围屋内，桃花树随风摇动。以它为舞台背景的戏剧《我爱桃花》，自2024年8月以来，吸引了数千名观众从全国各地慕名来到长守村看戏。

古房因戏而“活”，今人因戏而聚。每逢排演戏剧，长守村总是分外热闹。这里有驱车50公里前来的深圳市民，有从北京飞来的戏剧发烧友，还有专门来“探班”的粤港澳大湾区演艺明星。

《我爱桃花》由知名演员张国立执导和主演。从2024年11月1日起上演的版本，在维持剧本原貌和3名主演的基础上，推出了“87红楼梦”版《我爱桃花》，邓婕、欧阳奋强等观众熟知的“梦中人”参演剧目，扩大了这台戏剧的感染力和吸引力。

“抬头看到这座围屋正门牌匾上镶刻的‘长守’二字，我知道就是这里了。”张国立说，自2022年8月首次来到坪山演出后，他和团队就被这里的自然条件和文化底蕴吸引，随后在2023年成立了深圳坪山龙马社长守戏剧公社。

“经典的作品是穿越时空的。我们和坪山当地部门一起把近乎荒废的古宅修缮改造，推出新的剧目，仿佛为它注入新的生命，这种‘穿越感’妙不可言。”张国立说，深圳经济社会发达，本身就是戏剧题材的沃土，“我们在坪山种下戏剧的种子，让戏剧之花在粤港澳大湾区开得更加灿烂。”

“优秀文化要走入人民群众中去。我们把这里命名为‘长守戏剧谷’，剧场修好后，特地请村民来看第一场演出。这个剧场就是某些村民的祖

2024年11月9日，由江氏客家围屋改建而成的长守戏剧谷（无人机拍摄）。新华社记者梁旭摄

游客从长守戏剧谷内开放式的剧场里走出。

屋，看到这里的变化，他们久久不愿离去。”张国立说。

深圳市坪山长守股份合作公司董事长江锦武介绍，江氏围屋始建于清朝，20 世纪八九十年代后，村民们陆续迁出，老围屋逐渐荒废沉寂，部分民居甚至坍塌破败。“2019 年，坪山区推动围屋修缮工作，全村人百分之百赞成，我们都想保护好这片承载着共同记忆的历史家园。”江锦武说。

“活”起来的不只是剧场。江氏围屋门前的“守月塘”水池被改造为钢结构绳网覆盖的亲水公共空间，成为村子里孩童玩耍的乐园；江氏围屋内的一些民居被改造成高端民宿、餐厅、咖啡厅、书店等，长守村当地的旅馆、饭店、“农家乐”等原有旅游资源也被盘活。2024 年国庆长假，有

2.7 万名游客慕名而来。

长守村所在的坪山区，在“中国硅谷”深圳占据重要地位。年销量超 300 万辆的比亚迪全球总部基地与长守村只有一街之隔，28.5 秒下线一台手机的荣耀智能制造产业园、中芯国际深圳基地 12 英寸集成电路生产线，与长守村的直线距离均不到 5 公里。以“长守戏剧谷”为代表

深圳坪山长守村。

长守戏剧谷门口的展览和戏剧海报。

的新型文化基础设施，成为当地生产、生活、生态“三生融合”的生动体现。

“坪山区以政企共建培育戏剧影视产业，活化利用文化资源，力争成为粤港澳大湾区戏剧剧目的策源地、重要剧目的输出地、优秀剧目的首发地、戏剧人才的聚集地。”坪山区文化广电旅游体育局副局长彭腾龙说。

《我爱桃花》在坪山上演以来，女主演高晓菲在闲暇时会乘坐轨道交通云巴在空中欣赏城市景色，也因戏会友与一些上班族观众成为朋友。“深圳是一个充满想象的地方，值得在此长守。”高晓菲说。

（王攀、印朋、梁旭）

04 “体育＋”释放消费新活力

这边厢追乒乓球亚洲杯，那边厢追足球 U20，同期还有深港马拉松赛、国际篮联亚洲杯预选赛……2025 年的深圳，一开年就开启了多项高端体育赛事，迎来历史性的“体育狂欢年”。当地顺势推出“跟着赛事去旅行”品牌，积极引进更多“高热度”“高流量”的顶级赛事，大力推广无人机、水上运动、冰雪运动、智力运动等受众面广的线下线上新兴时尚运动项目，围绕重点体育赛事打造时尚消费场景，推动商旅文体跨界深度融合共荣发展，打造“国际著名体育城市”。

围绕体育赛事“动”起来

2025 年 2 月 23 日晚间，激战五天的第 34 届国际乒联—亚乒联盟亚洲杯在深圳落幕，5 天 128 盘精彩对决吸引了来自世界各地的球迷观众。“欢迎世界各地球迷”的欢迎词，在位于龙岗区的比赛主场馆——深圳大

2025 年 2 月 18 日，在深圳举行的第 34 届国际乒联—亚乒联盟亚洲杯抽签仪式上，演员在表演英歌舞。新华社记者梁旭摄

运中心体育馆及周边酒店、交通枢纽和各种大屏幕上反复播放，持续升温的“乒乓球热”推动了大运中心周边商圈人气急剧上涨。

同日，深港马拉松赛开赛。作为第十五届全国运动会田径（马拉松）项目的重要测试赛，这也是全运会历史上首个跨境马拉松赛测试赛，比赛路线将深圳与香港通过深圳湾口岸紧密相连。这不仅是一次体育竞技的跨越，更是对“一国两制”下深港融合发展的生动诠释，其意义远超一场普通体育赛事，更是吸引了深港两地众多参赛者和游客观赛助威。除此之外，深圳重磅体育赛事接连不断，5 月开启的 2025 年全国游泳冠军赛，为全国泳迷和深圳市民呈现一场精彩绝伦的泳坛盛宴。

年轻，是深圳有别于其他大城市的重要“标签”。这个常住人口平均年龄仅为 32.5 岁的特区新城，紧抓“年轻”这一特点，让整个城市都围绕体育项目“动”起来，以赛事游深圳、以赛事拉消费、以赛事扬文化、以赛事促交流，推动“赛事 + 产业 + 旅游”深度融合，充分展示深圳的城市活力，让环境优美、气候宜人的城市成为年轻人热爱的体育运动胜地，不断提升深圳的城市影响力。

作为风景秀丽气候适宜的滨海城市深圳，一年四季从没断过运动赛事，丰富多彩的高品质国际运动赛事接二连三，从陆地到海上。2024 年 10 月 31 日至 11 月 4 日，第十六届“中国杯”帆船赛在深圳大鹏扬帆启航，来自世界各地的 200 多支船队和 1260 多名选手逐浪大亚湾，为市民和游客带来了一场集海洋竞技、文体旅融合发展于一体的视觉盛宴。

作为中国首个国际海上体育赛事品牌，“中国杯”帆船赛 2007 年就诞生于深圳，填补了中国大帆船赛事的空白。经过十余年发展，“中国杯”帆船赛如今已成为参赛规模亚洲第一、世界知名的国际品牌大帆船赛事，获世界帆联授予“推动航海运动特别奖”，也是我国水上运动精品赛事、广东省十大国际品牌赛事，被写入深圳建设“全球海洋中心城市”纲要。

随后举办的 2024 国际篮联三人篮球世界巡回大师赛深圳福田站、中国羽毛球大师赛、深圳马拉松、世界帆船对抗巡回赛总决赛等一系列高端赛事，都显示着“年轻的城”深圳正着力构建一流赛事体系，朝着建设“国际著名体育城市”目标大步迈进。

“跟着赛事去旅行”

数万人每天现场追看乒乓球亚洲杯，也让“跟着赛事去旅行”成为深圳的热门词汇。乒乓球亚洲杯赛事期间，深圳大运中心比赛场馆内外可谓人山人海，每场比赛都能吸引超万名观众，据统计，其中一半以上是广东省外观众。能容纳 1.8 万人的比赛场馆，从凌晨开始就有人排队等着入场，场面甚是热闹。

除了比赛场馆内外人气爆棚，毗邻比赛场地的深圳大运天地中央广场也“变身”亚洲杯公园，赛事期间人流量接近 70 万，打造了一场沉浸式体育狂欢派对。设在这里的第二现场直播区，超 24 平方米的户外大屏实时转播比赛，让不少网友直呼“震撼”“好燃”！琳琅满目的官方特许商品区、非遗手作区、公园市集、互动游戏打卡点，为球迷在观赛之余带来欢乐与奇趣，平均每天都能吸引超过 1.8 万人次参与打卡，单日人流量最高超过 5 万人次。

作漆扇、凸版画拓印、手绘乒乓球拍、剪纸……广场的非遗手作区人头攒动，观众近距离体验非遗文化魅力。“深圳亚洲杯不仅是一场体育盛事，也给了我们一个触摸中华优秀传统文化的契机。”刚刚做完拓印的乒乓球爱好者小郑笑容满面地向大家展示了她的手绘球拍——用马克笔画的 Q 版王楚钦和孙颖莎。

赛事还带动了大运中心周边的商业销售，住宿业人流量提升明显，中海凯骊、雅邦朗悦、珠江皇冠等星级酒店赛事期间全部满房。专门从江西坐高铁来看球赛的高宇宁还制作了印有自己喜欢的球星头像的“手牌”。被誉为“深圳特产”的龙岗大芬村油画也被作为赛事纪念品送给乒乓球队运动员。不少外地球迷纷纷表示：“这个赛事组织得太好了，周边环境也好，设施又好，这趟来得真值！”甚至有网友调侃“深圳这一波又是赢麻了！”

深圳市文化广电旅游体育局副局长丁中元表示，深圳通过举办高端体育赛事，大力发展赛事经济、培育自主赛事品牌IP，以赛事为抓手，推动了赛事与文化、旅游等多领域的深度融合，打造了“跟着赛事去旅行”品牌，助力深圳“国际著名体育城市”、国家体育消费试点城市建设。

据深圳市文化广电旅游体育局统计，2024年深圳接待游客1.85亿人次、同比增长10.8%，旅游总收入2650亿元、同比增长11.3%，旅游市场热度持续攀升。每逢小长假，深圳总能跻身各旅游平台榜单并成为国内热门目的地“常客”。“吸金”的高级别体育赛事也是深圳文旅的主要发力点。数据显示，深圳大运中心旁边的大运天地自2024年7月底开业后仅一个月，商场总客流量就超过300万人次，日均客流达10万人次。

将赛事“流量”变经济“增量”

深圳不仅是年轻的城，更是运动之城、活力之城。2024年末出台的《深圳市推动体育产业高质量发展的若干措施》中，深圳一举推出了17项旨在推动体育产业高质量发展及体育与文旅融合的举措，推动体育赛事“流量”转化为经济发展“增量”，充分挖掘体育领域文化内涵，积极支持“体育赛事进景区、进街区、进商圈”，发展赛事经济，让体育与文化旅游相互交融、相得益彰。

事实上，自2014年起，深圳体育产业总规模就保持着20%的增速。2019年，深圳市居民人均体育消费超过欧美国家标准。到2023年，深圳人均年度体育消费接近4000元。作为国家体育消费试点城市，这不仅丰富了市民的精神文化生活，也为体育产业拓展了新的发展空间，创造了更多的经济增长点，为深圳体育事业和产业的腾飞注入了新活力。目前深圳体育产业总产出超过 2000 亿元，体育产业对区域经济的贡献处于较高水平，进入国内一流行列。

可以说，深圳以健全的体育政策、活跃的体育经济思维、厚实的体育文化积淀，得以汇聚最好的体育资源。接下来，国际冰球联合会女子冰球世界锦标赛、国际篮联女篮亚洲杯、世界帆船对抗巡回赛总决赛都将在深圳激情上演，第十五届全国运动会则将掀起全年最高潮。这些黄金赛事的高度汇聚，将推动城市能级跃升、极大地提升深圳的国际影响力。

体育与文旅的融合发展，也大大拓展了体育产业的边界，创造出了更多的消费场景和经济价值，丰富了城市的文化内涵和旅游吸引力，促进了不同产业之间的资源共享和协同创新。2025 年 10 月，深圳前海·华发冰雪世界将开业迎宾，建成后的场馆不仅是全球规模最大、国内落差最高的室内雪世界，各类国际一流的软硬件配套设施，也将全年“有雪”地吸引国内外游客纷至沓来，体验南国冰雪奇迹。

近年来，深圳游戏电竞产业蓬勃发展，体育赛事百花齐放。作为全国电竞产业发展主力军，深圳构建了完整的涵盖上、中、下游的全产业链，在电竞游戏研发、电竞俱乐部、电竞设备制造、电竞教育、电竞直播、赛事组织等方面有一大批代表性企业。其中南山区积极打造游戏电竞产业集群，游戏电竞产业年营收超千亿元，拥有 8 家电竞俱乐部，电竞分部数量达到 13 个，还举办了和平精英职业联赛 PEL 夏季赛总决赛、王者荣耀世界冠军杯总决赛等电竞品牌赛事。

深圳市商务局局长张非梦表示，当前，消费正在从实物消费向服务消费转型，以数字消费、文娱旅游、体育赛事等为代表的服务消费热度攀升。深圳积极适应消费趋势发展，坚持供需两端发力，全力促进文旅体服务消费实现新突破。

着力引进国际重大赛事，打通从“竞技”到“经济”的逻辑联系，让比赛不仅是体育竞技的舞台，更是推动“赛事+产业+旅游”深度融合的重要契机。在新时代的发展浪潮中，深圳正受益于此。发展赛事经济、推动体旅融合，深圳正在用“赛事热”为经济高质量发展赋能，加快建设国家体育消费试点城市，打造城市体育文化品牌，提升城市在国内外体育领域的知名度和影响力，驱动深圳体育旅游文化产业朝着国际化、高端化、多元化的方向加速迈进，助力深圳建成“国际著名体育城市”。

（李晓玲）

05 文化四重奏，治理听和弦

“这个舞台空间大，活动氛围也很好。”在深圳市盐田区沙头角街道“邻剧场”表演的刘大叔说，参加文化活动演出已成为当地退休居民日常生活的新时尚。

鱼灯舞体验班、红色歌曲表演、传统剧目演出……“邻剧场”是沙头角街道于 2022 年 9 月为辖区居民群众打造的文化活动场所，旨在拉近邻里间距离、增进邻里感情，让居民群众充分感受“邻里文化”的魅力。

因“日出沙头，月悬海角”得名的沙头角，地处深港交界地带，历史文化底蕴深厚。近年来，沙头角街道立足街区实际，提炼总结“忠、仁、善、智”四条主线，精心打造以“忠”为代表的民兵连“红色文化”、以“仁”为代表的鱼灯舞“非遗文化”、以“善”为代表的“邻里文化”和以“智”为代表的“国学文化”，为基层治理注入一股新力量。

沙头角街道邀请知名乐团以及本土艺术团体和歌手举办左邻右里音乐会。

邻里守望相助

沙头角街道与香港新界接壤，20 世纪 80 年代，深港两地商业往来频繁，两地商人、内地“深漂”纷纷寻着热闹找过来，迅速融入本地变成“老街坊”。

在 40 年的沉淀中，沙头角街道以文化活动为媒介带动街坊四邻，来自五湖四海的人们在这里酿出浓厚的“邻里”乡情文化。

以暖心服务构筑“邻里文化”。推行“党建网格、街社联动”基层治理机制，推动更多资源向网格聚拢；建成四级养老服务网络，针对失能失智独居老人实施“一碗暖汤”项目，实施“银龄学社”等“一社区一品牌”慰老助老服务项目……

以优质供给丰富“邻里文化”。依托新时代文明实践所（站）、“邻剧场”等阵地，举办沙头角鱼灯舞图片展、鱼灯舞体验班等活动，让群众感受非遗文化魅力；精心打造“左邻右里”音乐会文化服务品牌，通过演绎红色歌曲、传统经典剧目等方式，举办音乐会120余场，受益群众达25000人次。

以志愿精神涵养“邻里文化”。大力弘扬志愿精神，建立邻里互助志愿者驿站，广泛动员招募志愿者。通过社区基金会爱心互助平台，将社区企业和商户、社会组织、居民联合起来，实现居民互助。目前，沙头角街道注册义工近5700名，每年开展志愿服务活动2000余场次。

勾勒红色印记

红色文化，在沙头角根基深厚。成立于1951年的沙头角民兵连，70多年来秉承忠诚、勇敢、正直的红色基因，被誉为祖国“南大门”上“永不褪色的红色堡垒”。

新中国成立初期，沙头角地区成为对敌斗争的前沿。在这一背景下，沙头角基干民兵连于1951年5月1日成立。1998年，沙头角民兵连由以前的基干民兵连改编为沙头角民兵应急连。新时代成长起来的沙头角民兵，手中不再握有钢枪，但只要有急难险重任务，总会冲锋在最前线。

2018年，超强台风“山竹”登陆之前，60名沙头角民兵顶着狂风暴雨扛沙袋、固海堤、清沟渠，用血肉之躯筑起了保护人民群众生命安全的堤坝。

2019年年底，沙头角民兵纷纷写下请战书，第一时间投入消杀、隔离后勤保障、转运确诊病例等防疫工作中，在这场没有硝烟的战争中持续勾勒红色印记。

沙头角鱼灯舞表演。

非遗绽放异彩

在沙头角的历史中，有这样一群渔民，曾直面海盗侵扰、外敌侵袭。他们精诚团结、一往无前、英勇作战，铲除了黑恶力量。如今，他们的斗争故事摇身变为“鱼灯舞”，在非遗的舞台上将“仁”的歌谣代代传颂。

沙栏吓村鱼灯舞，起源于明末清初吴氏客家村落沙头角沙栏吓村。当时，沿海地区海盗横行，渔民出海常遭劫掠。出于对美好生活的向往，渔民们根据鱼的习性，创作出鱼灯舞这一舞蹈艺术表演形式，以祈求神灵保佑，渔获丰满。

新中国成立后，结合时代背景，鱼灯舞进行了改编和创新，讲述海洋中原本分散、弱小的鱼群在被凶悍的“黄鳢角”鱼任意捕食的过程中，逐渐团结起来战胜“黄鳢角”鱼的故事，引导群众团结一致，共建一个和平安宁的世界。

在盐田区政府和传承人的不断努力下，“沙头角鱼灯舞”2008 年入选国家级非物质文化遗产名录，是深圳市第一批民间舞蹈类国家级非物质文化遗产。

近年来，这条“鱼”游动在大街小巷，成为维系着乡情的一根纽带，也“游出”了盐田，向更多地方播撒传承的种子。

触摸千载遗韵

近年来，沙头角街道以沙头角书社、习学书院、社区党群服务中心为阵地，传承弘扬中华优秀传统文化，推动走进街头巷尾，走进千家万户。

作为沙头角街道“国学文化”活动的重要载体，沙头角书社自成立以来坚持为居民群众提供街区文化、艺术资讯及资源服务，长期面向公众举办葫芦丝、书画等公益培训。

成立于 2012 年 11 月的习学书院，是一家致力于推广中华优秀传统文化的非营利性社会组织。10 年来，习学书院通过辖区中小学、宪法公园等线下场地，以及抖音、快手、视频号等线上平台，开展千人诵读、传统文化知识竞赛等活动及培训 2700 余场，服务居民群众突破 300 万人次。

“街道将全力打造好‘四大文化’悦民品牌，将文化建设融入基层社会治理当中。”时任沙头角街道办书记汪斌说，在盐田区加快建设全球海洋中心城市核心区和沙头角深港国际旅游消费合作区核心区建设重大机遇下，街道将打好物质文明和精神文明建设两张牌，以“国学文化”铸牢民族精神力量，以“红色文化”夯实思想理论根基，以“非遗文化”打造区域文化自信，以“邻里文化”提升民生幸福质感。

（周科）

06 原来，文化大餐可以这样“吃”

不爱看晦涩的历史资料？你可以“穿越”；不满足电影的视觉冲击？你可以去幕后看看；没时间读书？你可以用耳朵“阅读”……

第十五届中国国际文化产业博览交易会于 2019 年 5 月 20 日在深圳落幕。享受“文化盛宴”的同时，观众也发现，科技和创意让“大餐”的“吃”法变了。

动画让历史“活”起来

端起步枪，上膛、瞄准、射击……5 分钟的体验时间，参观者王易鹏共击中 31 个敌人。

文博会 3 号展馆，华夏动漫 VR 研发团队设置面积近 300 平方米的游戏体验专区，首度推出《黄洋界保卫战》对战模式，高度还原中国工农红军第四军在井冈山革命根据地浴血奋战的历史，吸引许多观众跃跃欲试。

VR 体验让不少年轻人跃跃欲试。新华网（王航帆摄）

“游戏中设有战壕、沙包、弹药箱等道具，让人感到既紧张又有趣。”王易鹏说，一戴上 VR 眼镜就进入虚拟的“战争”状态，枪声、炮声、呐喊声让他身临其境，仿佛回到了那段激情燃烧的岁月。

“溜达”皇帝寝宫、观赏乾隆出巡……由领钧公司借助 VR、AR、三维重建等技术带来的体验项目，让观众置身于故宫养心殿中，拿起虚拟的毛笔和印章体验批奏折；回到清朝，亲身体验乾隆皇帝南巡；在民国时期的四合院里，寻觅放鞭炮、吃年饭的年味儿……

“通过现代科技手段，可以将晦涩难懂的史料打造成有趣的产品，让更多年轻人喜欢，让青少年在游戏中潜移默化地学习了解中华传统文化。”领钧公司工作人员赵娜说。

2019 年 5 月 16 日拍摄的文博会现场。新华社记者毛思倩摄

“影粉”的“幕后”体验

看电影，已成为人们日常娱乐休闲的重要部分。然而，观影者不再满足于享受影院的音效和故事情节，对于电影的设计、道具、制作等是怎么完成的，也是他们想要探寻的内容之一。

在文博会上，《流浪地球》片方展出电影中重达 50 斤的太空服、领航员空间站的人工智能机器人 MOSS 等道具，同时还向观众展示了道具从设计理念到实际制作的每一个环节，让“影粉”们一睹为快。

“在这里，不仅可以穿上电影人物同款的‘地表服’，还可与‘火石’拍照打卡。”参观者李小荣说，“看电影带给我的是直观视觉冲击，而现场道具的展示却让我触摸到导演和演员们的不易。”

神秘的电影制作跃然在观众眼前，成为 2019 年文博会的热门看点。现场一座绿幕影视棚吸引了观众的注意。记者看到，一名女主持人同时在两个屏幕中出现，而现实场景和模拟场景中的动作都是一致的。其中模拟场景中，女主持人站在飞机舱口出镜，脚下却是一片浩瀚的大海。

中影制作基地的工作人员介绍，这是采用了全数字化虚拟动捕的实时交互技术，它能够实现虚拟人物和真实人物在同一个空间内的互动，让难以实现的场景变为真实镜头实时呈现。

《流浪地球》的“火石”也来到十五届文博会。新华网（王航帆摄）

随时随地的阅读享受

生活节奏太快，没有时间看书怎么办？你可以戴着耳机，在走路、吃饭的同时也能享受“阅读”的乐趣。

场馆内设置的“主播体验间”，让参观者亲身体验录制音频、了解有声书的生产过程。

密闭透明的“图书馆”科技感十足，馆内配置了数百本优质有声作品，覆盖了原创文学、经典出版、历史人文、相声评书、儿童有声、财经等多个线上热门品类，每本书籍封面均附上简介及收听二维码，扫码即可体验收听。

融媒体系统哪家强？可到十五届文博会体验一番。新华网（王航帆摄）

从纸质书到电子书再到有声书，从有人书店到无人书吧，变的只是阅读方式，不变的是人们对阅读的执着。

比起图书，数字化音乐已从听觉感官延伸到“听看唱玩”的立体娱乐生态，不断满足人们高品质、多样化、个性化的需求。

文博会广东数字出版展区，酷狗音乐展出了自主研发的哼唱识曲、蝰蛇音效等智能硬件，还配置了强大参数的 43 英寸家庭娱乐一体机——酷狗超级 K 歌机、搭载安卓智能系统的智能音箱——酷狗潘多拉音箱等产品。

“如果你忘记歌名，只用哼几句旋律，就可通过哼唱识曲功能快速找到歌曲。”展台工作人员杨哲说，拥有超过 1200 件专利发明和 3500 万正版曲库的酷狗，将专利运用于各个产品中，让“硬核发明”在场景“软服务”中得到加持，不断提升用户的音乐体验。

（周科、孙飞、赵瑞希、王晓丹）

07 城里人“下乡”学文化

2022年春节，记者在深圳市坪山区石井街道金龟村看到：过去，当地原住村民学文化得进城里的书店或图书馆；如今，这个村反倒把周边的城里人吸引过来了。他们来金龟村不是为了看风景，而是来看书学文化。

这一鲜明反差，源于金龟村的自然书房。

金龟村依山傍水，绿树成荫，是深圳保留下来为数不多的客家村落之一。因倚靠的大山形似金龟，故取名金龟村。

近年来，坪山区依托区图书馆，以“馆店一体”模式探索公共阅读空间服务下沉，让大部分“城市书房”选址在偏远古村落，主打当地的客家文化、人文社科等阅读体验。

作为坪山9家“城市书房”之一，金龟自然书房应运而生。

金龟自然书房由老旧房屋改造而成，面积342平方米，外墙由黄白两色粉刷。它把“零废弃”和“自然好书”相结合，设有室内阅读区、室外活动区、沙龙区等功能区，还兼有自然图书阅读、美术创作、学术讨

2022 年 2 月 4 日，金龟自然书房正在举办亲子阅读活动。新华社记者印朋摄

论、活动交流等公共文化服务功能。

大年初四，阳光透过玻璃屋顶，洒满金龟自然书房。偌大的书房里，各类书籍摆放得错落有致。店长沈龙已备好纸张、画笔、参考书籍等，静待十几组家庭学员前来参加亲子阅读、水彩绘画活动。这些家庭有的来自附近街道，有的远道驾车而来。

家住深圳中心区福田的四年级小朋友刘子涵告诉记者，他和爸妈一早就赶过来了。“去年暑假我和妈妈也来过这里，因为这里的书很有意思，讲到了自然界的各种动物和植物，对我开阔视野有很大帮助。”

与其他书房不同的是，金龟自然书房结合自然主题开展“星空夜读”读书会、自然科普讲座、手工亲子体验等丰富多彩的阅读活动。书房旁还有一条依山而建、长约 1 公里的自然教育步道，既满足小读者的阅读体验，又给家长们提供舒适的读书环境。

2022年2月4日，几名孩子在金龟自然书房看书。新华社记者印朋摄

“我和孩子都非常喜欢这里，每次过来至少要待上一天。不同于城里的书房，金龟村有自然带来的那种亲切和愉悦感。”一名正在翻阅书籍的家长说。

距离深圳中心区约50公里，金龟村曾经近桃源而远人文，如今因有了“深圳最美书店”而读者盈门。

两年来，金龟村接待读书爱好者2万余人，开展各类活动百余场。

对于金龟村来说，自然书房不仅带来了人气，也改变了当地风气。“享受到改革开放的红利，我们原住村民大多成了房东，家里富裕了，人也闲下来了，有些居民曾沉迷于打麻将等休闲娱乐，且烟酒不离。”金龟村居民曾艳坦言，如今书桌多了，牌桌明显少了。

“今天在金龟村，如果可以选择邻居的话，我相信很多人愿意选择书房。”曾艳笑着说。

（周科、印朋）

08 闲置旧宅迎来不锁门的“新主人”

像被魔幻的画笔点过，上围村变了。

春节期间，记者走进深圳市龙华区观湖街道上围村看到，曾经遭垃圾封堵的村庄已是焕然一新。青瓦白墙、小桥流水之间，色彩鲜艳明快的绘画、陶艺、雕刻等作品随处可见，艺术家工作室、博物馆、展览馆星罗棋布，大红灯笼、油纸伞等点缀其间，恬静的村居生活伴随浓郁的艺术气息扑面而来。

这是一个有着 400 多年历史的客家老村，坐落在樟坑径河上游，因三面环山且位于山脚下像个盆地，故取名上围村。

以前，上围村可不是这番模样。20 世纪 90 年代，上围村在产业转型中引进不少“三来一补”企业，投资建成上围工业园区。随着企业和居民逐渐增加，污水流入河道，垃圾堆积如山，危险隐患重重。

“许多村民丢下旧宅子，纷纷迁走了。”村民房镜清说。

2017 年以来，通过政府搭台，来自五湖四海的艺术家、设计师，纷

2022 年 2 月 6 日，游客在上围村参观。新华社记者梁旭摄

纷走进上围村。

陈荣鸽是最早一批入驻上围村的设计师之一，他在这里制作私人定制产品。“我的工作室后面有个公园，最开始是垃圾场，非常影响创作激情。”他说。

如今，垃圾堆里的一块块废铁皮，在他手中变成了精美的器具，许多游客来到这里，会去他的工作室参观。

比起陈荣鸽，王利军是一位“无心插柳”的画家。2019 年，随便来上围村走走的王利军觉得这里很漂亮，就直接住了下来。他在村里找了一个带庭院的房子，找来一个废弃乒乓球桌用作平时画画的地方。他还用自己的乳名“麦平”在这里建了工作室。

如今，在快节奏的深圳特区，上围村算得上是一个“慢生活”的幽静之地。来了就是客人，喝一杯好茶、碰撞一下思想，这里的“新主人”相互串门成了新邻居，他们还会带访客走进“春水碧于天，画船听雨眠”的诗情画意之景。

“平时给别人画画，闲暇时就到邻居家坐坐，大家外出都不用锁门。但这里的艺术家们也不只是‘闭关’创作。”王利军说，之前村里有些破败的房子，经过艺术家们改造变成了展厅，“我们想把这里建设得更好”。

陈传沛是一名涂鸦师，他给村里的围墙涂上了墙体彩绘。“我正在做一些乡村活化项目，上围村的经历给了我很多灵感，这里不仅有艺术家营造起来的氛围，政府做的配套设施也很完整。”他说，“很多村庄面临人口外迁、祖屋荒废的问题，我希望保留本地文化，重新展示给世人。”

截至目前，上围村已引进油画、国画、木雕、篆刻、陶艺、摄影、设

2022 年 2 月 6 日拍摄的上围村幽静小道。新华社记者梁旭摄

上围村被艺术家们装扮一新。受访者供图

计等文化艺术人才近百名，文创机构（工作室）43 家。

如今，一栋栋旧宅，在艺术家的手中重获生机。以樟坑径河为主线，连接起水系两侧分布的百年客家碉楼、祠堂、休闲广场、九龙墙、半月湖等各类要素，一条独特的客家文化风情带正在上围村加速形成。

（周科、梁旭）

第四章

深圳故事：时代浪潮中的文明叙事

深圳的文化故事，是创新与传承的共鸣，是包容与开放的交响，也是一部传统与现代交织、本土与国际共融的传奇。从南头古城近1700年的郡县变迁，到摩天大楼下的现代艺术展览，传统与现代在这里碰撞出耀眼火花，每一寸土地都在诉说着传承与创新的故事。作为中国最大的移民城市，深圳汇聚五湖四海追梦人，本土文化与外来文化激烈碰撞，多元文化在这里共生共荣，一年一度的文博会更加彰显深圳对文化多样性的尊重与开放包容的文化精神。

01 让敦煌文化牵手南头古城

一个是陆上丝绸之路的璀璨明珠，一个是海上丝绸之路的重要纽带。因为文化，两座古城跨越 3400 多公里的地理距离相遇在一起。

2023 年 12 月 27 日，敦煌研究院莫高学堂在深圳南头古城落成，敦煌文化跨越地理时空“牵手”南头古城，戈壁之风吹入粤港澳大湾区，让人看到陆上与海上丝绸之路的文化交融、传统文化与现代创意的双向奔赴。

甘肃敦煌莫高窟始凿于公元 366 年，迄今近 1700 年历史，是中外多种文化多元文明交融荟萃的结晶。位于深圳市南山区的南头古城，自公元 331 年设立东官郡起亦有近 1700 年，被誉为“深港历史文化之根”。

中国敦煌石窟保护研究基金会樊锦诗基金管委会副主任彭予民介绍，莫高学堂进驻被誉为“粤东首郡、港澳源头”的南头古城，为敦煌文化的弘扬传播提供了极大的地缘便利，有助于推动深圳、粤港澳大湾区及海外民众近距离、深层次了解敦煌文化、弘扬敦煌文化。莫高学堂更希望构

2020年8月26日，深圳南头古城南北街示范段开街营业。新华社发

筑一个由改革开放窗口通往敦煌历史古迹的时空隧道，打通一条专业、便利、内涵丰富的研学通道，帮助更多有意愿、有兴趣了解敦煌莫高窟的历史文化爱好者，走进大漠戈壁、穿越亘古时光，深入实地了解敦煌。

记者在落成仪式上了解到，莫高学堂于2019年由敦煌研究院文化弘扬部创立，旨在助力敦煌文化的全球传播与交流。其以敦煌文化和丝绸之路文化为核心，全方位提供融合艺术、历史、人文、科学、技术、自然等领域的跨学科知识，为民众提供可体验、可互动、可定制的进阶式课程产品和研学服务。

深圳南头古城保护与利用工作领导小组指挥部办公室负责人表示，在兼容并包、多元共生的城市发展理念下，深圳不仅成就了商业创新的热土，也成为文化交流的新高地，尤其是以南头古城为代表的城市特色街区，汇聚了多元文化和创意思维，为文化合作提供了广阔平台和无限可能。此次引入莫高学堂，就是要将敦煌的优秀传统文化导入南头古城，为创新之城深圳增添厚重的传统文化基因。

敦煌文化作为各种文明长期交流融汇的结晶，不仅是中国乃至世界文化宝库中的重要组成部分，也是推动文化多样性和国际文化交流的重要力量。敦煌研究院副院长张元林展示了敦煌莫高窟以及其他国家珍藏文物的大量实例，“中华文明之所以生生不息，赓续至今，就是在坚定传承本民族文化传统的同时兼容并蓄、博采众长。敦煌文化的形成与兴盛，也是这种文化胸怀的体现”。

当天的落成仪式上，还推出了“在南山·看敦煌”系列文化活动。活动期间，敦煌石窟壁画艺术展示、走出来的敦煌壁画服饰秀、敦煌研究院专家讲座以及莫高学堂研学手作课程等系列活动陆续登陆。

在敦煌壁画服饰秀中亮相的30套服饰，均由敦煌研究院开发，原汁原味地再现了敦煌古壁画中的人物服饰，首次在深圳亮相就引起了市民的强烈兴趣和关注。“这是一次从未有过的‘视觉享受’，看完壁画服饰秀后，我更想带孩子去一趟敦煌，触摸那段古老的文明。”深圳市民李君说。

敦煌研究院文化弘扬部副部长柴启林介绍，本次活动中，有通过复刻的莫高窟第130窟都督夫人礼佛图、莫高窟61窟甬道南侧绘制的回鹘公主形象、外族王子胡商使节形象、榆林窟29窟东壁所绘的西夏贵族女性形象等服饰人物实景，还展出了精心挑选的30幅敦煌石窟经典高保真数字化壁画复制品，包括张骞出使西域图、舍身饲虎等经典佛教史迹画、本生故事画、大型经变画、供养人及敦煌经典图案等各个时代的敦煌石窟经典壁画。

落成仪式上，香港天籁敦煌乐团演奏的琵琶曲《供花手》、由笙和两支中阮合奏的《长沙女引》，将敦煌壁画内的场景音乐带回人间。“乐团成员包括香港两位青年作曲和八位音乐人，乐曲是从壁画及古谱中获得启发而作。”香港天籁敦煌乐团创始人纪文凤说。

“在南山・看敦煌”系列文化活动由深圳市南山区委宣传部、敦煌研究院文化弘扬部和中国敦煌石窟保护研究基金会樊锦诗基金指导，南山区南头街道办事处主办。下一步，敦煌研究院莫高学堂拟在南头古城设立“敦煌文化与美学中心”，依托深圳毗邻香港、面向世界的地理优势，以及南头古城深港同宗同源的文化优势，打造成为粤港澳乃至全球敦煌文化交流互鉴的重要窗口。

（周科）

02 文博会奏响全球文化“交响曲”

展出文化产品超过 12 万件、4000 多个文化产业投融资项目在现场展示与交易，主会场、分会场、各相关活动点总参与人次达 220 多万……2025 年 5 月 26 日，一年一度的第二十一届中国（深圳）国际文化产业博览交易会在深圳闭幕。

搭建国际文化舞台，汇聚世界文明之光。中国通过文博会这扇窗口，既向世界展示中国文化和产业的发展成就，又促进全球文化在此相遇相融、跨界对话，将助力中华文化实现从本土符号向全球叙事的历史性跨越，推动全球文化繁荣发展、多元共生。

“成为全球文化艺术节日”

本届文博会，国际“朋友圈”再一次扩容，全球 65 个国家和地区、305 家海外展商线上线下参展，国际化占比达 20%，国家参展数量、全

2025 年 5 月 25 日，观众在文博会文化产业综合展馆参观。新华社记者肖恩楠摄

球合作机构双双刷新纪录。

16 万平方米的八个展馆，不仅展出了中国各地的非遗技艺、数字科技，还有来自埃及、波兰、奥地利、巴西等国的文化展品。埃及企业带来了著名的图坦卡蒙法老面具与罗塞塔石碑复刻品，机械臂可以把观众姓

名创作成为埃及象形文字，写在传统的莎草纸上；瑞典珠宝商展出白垩纪的琥珀藏品；印度展区墙上挂满了传统手工鞋，刺绣、珠串、印花等造型精致繁复；还有来自秘鲁的羊驼手工艺品，全球文化产品在这里交相辉映。

除了实物展品以外，2025 年文博会还有一些独具外国特色的活动。在土耳其展台，观众在一个咖啡制作台前排起长龙。当观众喝完一小杯咖啡后，咖啡师可以利用沉淀在杯底的咖啡渣来解读运势，这一独特的土耳其文化体验也成为文博会的“顶流”。

尼泊尔珠宝商、香格里拉手工艺品公司创始人兰姆·纽潘此次参展收获不浅，不仅找到了来自中国的批发商和马来西亚的镶嵌机构，还联系到了欧洲的客户。“我把这里当作国际展示台、会客厅和交易所，一到深圳就开始发消息，邀请新老客户来洽谈，很多长期的合作伙伴都是在文博会上找到的。”纽潘说。

连续两年参加文博会的德国法兰克福书展主席岳根·博思说：“深圳在粤港澳大湾区有着得天独厚的地理位置，能够触达大湾区及周边地区。”俄罗斯美协副主席叶弗吉尼亚·罗马什科·维克多罗维奇也盛赞：“文博会已经成为全球文化艺术节日，让人惊喜。”

不少海内外客商说，文博会的魅力不仅在于做生意，更在于广交世界朋友。在连续第三年参展的伊朗展位，老板马迪开心地说，前两次参展收获颇丰，不仅促成了许多商业合作，还结识了不少中国朋友。

来自文博会组委会的数据显示，2025 年海外展商、海外专业观众等国际合作多项指标达历史新高。为了更好地接待这些“远方来客”，2025 年文博会首次设置了外籍志愿者岗位，他们来自意大利、印度、泰国等国家和地区，能提供 10 多种语言服务。

“AI +文化”让传统焕发新活力

具有对话功能的 AIGC 玩具、可以拍照识物的 AI 相机、技艺高超的下棋机器人……2025 年文博会首次设置人工智能（AI）展区，吸引 60 余家人工智能企业参展。

记者在现场看到，人工智能展区全面展示了“AI +文化”的各种应用场景。人形机器人利用灵活的手指，熟练地弹奏古筝；扫描二维码，沉浸式体验甲骨文、敦煌藏经洞、北京中轴线，博大精深的中华文明用最新的形式呈现出来。

点击屏幕，选择一块唐代的石碑，历经千年风霜，石碑上的汉字已经模糊不清。不过没关系，只需要点击旁边的微痕修复、数字拓片等功能按钮，高清的石碑图片瞬间映入眼帘，汉字的笔画完整饱满，还能自动生成对应的白话文，阅读起来毫不费劲。

在 2025 年文博会上，像“石碑修复大师”这样古今交织的文化展品总是吸引大量观众围观、体验。在前沿技术的帮助下，传统与时尚碰撞出火花，源远流长的中华文化拥有了越来越多的现代活力。

“这里能看到中国各地的文化精华，尤其是高科技文化产品让人眼前一亮。”来自巴基斯坦的观众艾哈迈德对人工智能展区颇感兴趣，详细了解不同的应用场景。

2025 年以来备受关注的人形机器人，也变身成为机器“诗人”。一袭白衣的“李白”拿着酒杯，旁边的“杜甫”手持毛笔，机器“李杜”能够以其独有的个性和风格与观众互动交流。据大连蒂艾斯科技发展股份有限公司工作人员许贤明介绍，机器人不仅能够复现李白、杜甫的诗文，还能进行相关文化背景解读，让人们在景区游览时多了一份乐趣。

记者在本届文博会上看到，当前，越来越多的文旅大 IP 与科技企业

2025 年 5 月 22 日，观众在文博会辽宁展台观看机器人表演。新华社记者梁旭摄

走到一起，共同挖掘传统文化的现代属性。

在甘肃展区，敦煌研究院与腾讯公司的合作让“数字敦煌”成为“爆款”。借助虚实融合技术，莫高窟第 285 窟得以 1∶1 还原，观众只需扫码，就能随时随地欣赏高清壁画，深入了解洞窟知识，仿佛身临其境。在这样的技术帮助下，甲骨文、北京中轴线也在数字世界重获新生。

在河南展区，洛阳与深圳元象信息科技有限公司联合对龙门石窟进行了实地全息扫描，依托 AI 大模型实现高精度重建还原，开发了沉浸式 VR 互动电影《永远的盛唐》。观众能够在虚拟世界里走进龙门石窟、盛唐街市，体验盛唐时期古都洛阳的繁盛景象，还能感受“杨贵妃”等历史人物的风采。

在前沿技术的帮助下，很多文化意象已经不仅仅局限于过去的载体，其核心内涵以新的呈现形式融入现代生活，获得全新的生命力。

在湖南展区，云鸟、龙凤、藤蔓等来自马王堆的汉代纹样引人注目。为了进一步挖掘这些纹样的文化内核，湖南博物院与马栏山文化数字化创新中心共同建设了马王堆汉代纹样基因库，开展纹样研究、纹样提取、二次创作、图库开发，从而构建纹样基因库，不仅让沉睡的文物“苏醒”过来，也给当代设计积蓄了灵感和源泉。

深圳市南山区丽林维育学校外籍教师杰伊·霍姆斯带领学生们前来观展，体验了裸眼 3D、数字人等项目。他说，这些前沿科技与文化融合的案例，为学生们提供了感受世界文化多样性的绝佳窗口。

从“产品搬运”到“价值共生”

阅文集团的 26 部网文作品入藏大英图书馆、《庆余年》登陆 27 个国家和地区的新媒体平台和电视台、《黑神话：悟空》一经问世便畅销全球……从产品到产业，中国文化出海之路越走越宽广。在本届文博会上，中华优秀文化正在以各种不同的形式，出海又出彩。

商汤科技研发的下棋机器人“元萝卜”，棋艺高超，堪比一流大师，有围棋、象棋、国际象棋、五子棋等种类。据现场工作人员介绍，截至 2025 年 4 月，元萝卜系列产品累计销售超 10 万台，并且开始布局海外市场，“现在在美国的 Costco 超市就可以买到”。

近年来，网剧、网文、网游“新三样”推动了中华文化在国际市场上大放异彩。阅文集团旗下的网络文学平台“起点国际”汇聚了 6000 多部中国网文的翻译作品，覆盖多种语言，累计访问用户已近 3 亿。

除了内容方面，华强方特还推动主题乐园和成套设备“出圈”又“出海”。华强方特集团执行总裁、华强方特动漫董事长尚琳琳表示，在全国建成运营 40 多座方特主题乐园的基础上，华强方特先后完成在尼日利亚等地主题乐园的总体设计，并将主题乐园成套出口中东，开拓了中国自主知识产权主题乐园整体输出的先河。

当前，中国文化产业的发展，不仅根植于深厚的中华文化，而且开始从国外当地文化出发，用中国视角、中国审美打造全球性的文化产品。

泡泡玛特在澳大利亚推出了以考拉为主题的玩具、冰箱贴、挂件等

2025 年 5 月 22 日，观众在文博会中国国家版本馆展台参观。新华社记者梁旭摄

系列产品，还在法国把自己的知名 IP 人物“Labubu”与卢浮宫主题结合起来。

从 2025 年文博会的情况来看，文化出海的主题已经从单纯的“产品搬运”变成了“价值共生”。

深圳市酷看文化传播有限公司副总经理曹蕊表示，公司最开始的商业模式，是向海外平台上传所采买的中文原版影视，后来在国外网友的要求下，逐渐组建了翻译、配音团队，对内容进行语言转换。现在，公司会针对不同的市场对影视剧进行二次加工，封面设计、文字、总体审美都会有所调整，避免把内容“一厢情愿地硬塞给人家”。

跨越时空的文化交流，激荡出魅力无限的创新灵感，凝聚起消弭隔阂的共情力量。21 岁的文博会生生不息，将释放更大的舞台效应，让人类文明迸发持久活力。

（周科、陈宇轩）

03 文博会二十载“国际朋友圈”持续扩展

来自 60 个国家和地区的 300 多家海外展商带着本国文化产品参展，3 万名海外采购商、6 万名国内采购商集体开启“买买买”模式……中国（深圳）国际文化产业博览交易会 2024 年迎来 20 岁生日，其“国际朋友圈”也在文化交融中持续扩展。

来自芬兰的采购商卢卡斯·德维特 24 日来到文博会 2024 年深圳市中小学生创新创意设计成果展现场，在深圳宝安区松岗第二小学四年级学生的引导下，饶有兴致地体验了中国的掐丝珐琅画技艺。

在通透的玻璃上轻轻撒上绚烂的珐琅粉末，随着温度升高，粉末缓缓流动、融合，凝固成一层光滑如镜、色彩斑斓的珐琅涂层，就可以得到一件专属艺术品。在得知这是中国小学生课外社团的课程之后，德维特惊叹不已。

“这些孩子们很优秀，这么小就能掌握中国传统工艺技法，让我印象深刻，我很想让芬兰的孩子们也来感受一下神奇的中国文化。”德维特说。

新生代为文博会注入新活力。美国、韩国等国青年艺术家带着作品

文博会上来自海外的几名采购商。

亮相文博会，绽放多元魅力。

“文博会 20 年来已成为文化交流与互鉴的重要平台。我们期待在文博会继续拓展国际视野，推动文化艺术的创新与融合。祝愿文博会未来更加辉煌，成为连接东西方文化、推动世界文化交流的重要桥梁。”韩国艺术家崔澜珍说。

法国红酒、波兰琥珀、奥地利科创产品、伊朗地毯、土耳其工艺品……越来越多的海外参展商来到文博会，结识中国和世界各地的采购商，签约拿下订单。

奥地利优耐美公司总经理海德玛丽・海德尔带着科技教育产品参展。“文博会提供了很好的机会，可以看到来自不同国家的产品和企业，还可以与全球宾客零距离接触。”海德尔说。

20 年来，文博会越来越突出交易功能，拓展交易渠道，通过直播带货、现场推介、新品发布等形式，推动线上线下互动融合。

文博会上来自伊朗的参展商。

尼泊尔珠宝商、香格里拉手工艺品公司创始人兰姆·纽潘是文博会的“老朋友”。2019 年开始，他就带着尼泊尔的青金石和紫水晶来文博会寻找市场和合作伙伴。

文博会上来自巴基斯坦的参展商。

在国际文化贸易展厅，纽潘热情地向记者展示了他的微信好友，其中大部分都是中国的合作伙伴。在文博会上，他不仅找到了来自中国的批发商和马来西亚的镶嵌机构，还联系到了欧洲的客户。

“我把这里当作国际展示台、会客厅和交易所，一到深圳就开始发消息，邀请新老客户来洽谈生意，很多长期的合作伙伴都是在文博会上找到的。”纽潘说。

借助文博会平台，华夏动漫与日本世嘉株式会社签订 VR 游戏内容及设备出口合约 1.05 亿元；福建德化的“富贵红”瓷器引来 6000 万美元订购大单……

20 年间，文博会的展示规模从首届的 4.5 万平方米扩大到 16 万平方米，展商数量从 700 多家增加至 3000 多家，每年吸引国内外超 10 万种文化创意产品、4000 多个文化产业投融资项目在现场进行展示与交易。

本届文博会，中国优质影视作品也走出国门。在 24 日举办的新媒股份内容战略合作项目签约仪式上，粤港澳大湾区微短剧战略合作项目、“黄金屋”少儿动态绘本、高铁“喜粤 TV”专区项目等影视资源走向世界，在客厅大屏场景、终端小屏场景、车载场景等各个赛道，与海内外观众相见，持续拓展中国文化产业向世界进军的新思路。

历届文博会上，中国产品、企业和品牌扬帆出海，让世界认识了丰富多彩的文化中国。历时二十载，“国际朋友圈”持续扩展，文博会正散发出充满机遇与活力的独特魅力。

（白瑜）

04 工业大区如何成长为文化强区

坪山，是深圳这座“创新之城”的产业大区。2024年，全区规上工业增加值对全市规上工业增长贡献率达14%，“智能车、创新药、中国芯”成为享誉全球的支柱产业。近年来，该区以戏剧为支点，在“工业重镇”基础上向“文化强区”迈进。随着文化基础设施的崛起和知名文化机构的落地，坪山区不仅成为粤港澳大湾区戏剧版图的新高地，更以独特的文化营城理念，为超大型城市的精神文明建设提供了鲜活样本。

空间活化：客家老宅与先锋戏剧“长守”

位于深圳坪山的长守村是一座典型的城中村。深圳市坪山长守股份合作公司董事长江锦武介绍，20世纪八九十年代后，村民们陆续迁出，老围屋逐渐荒废沉寂，部分民居甚至坍塌破败。“坪山区推动围屋修缮工作，全村人百分之百赞成，我们都想保护好这片承载着共同记忆的历史家

2024 年 11 月 9 日，在长守戏剧谷，张国立（中）等演员在话剧《我爱桃花》演出结束后谢幕。新华社记者梁旭摄

园。”江锦武说。

2023 年，深圳坪山龙马社长守戏剧公社成立。“我们和坪山一起把近乎荒废的古宅修缮改造，推出新的剧目，仿佛为它注入新的生命，这种‘穿越感’妙不可言。”剧团负责人张国立对记者说，在坪山种下戏剧的种子，让戏剧之花在粤港澳大湾区开得更加灿烂。

古房因戏而活，今人因戏而聚。每逢排演戏剧，长守村总是分外热闹。这里有驱车 50 公里前来的深圳市民，有从北京飞来的戏剧发烧友，还有专门来探班的粤港澳大湾区演艺明星。戏剧《我爱桃花》自 2024 年 8 月演出以来，已吸引了近万名观众从全国各地慕名来到长守村看戏。

围绕岭南文化、客家风韵，坪山区创新探索“文物保护 + 文化服务 + 文创空间”古村落活化利用新模式，让古村落在活化利用中焕发文旅融合、宜居宜游的全新魅力。

江氏围屋门前的“守月塘”水池被改造为钢结构绳网覆盖的亲水公共空间，成为村子里孩童玩耍的乐园；江氏围屋内的一些民居被改造成高端民宿、餐厅、咖啡厅、书店，长守村当地的旅馆、饭店、农家乐等原有旅游资源也被盘活。

除了长守村，当地的客家围屋大万世居被活化利用为“坪山城市书房”，纳入坪山区图书馆统一管理；客家围屋龙田世居活化利用之后，引入非遗体验、文创市集，让客家山歌与现代戏剧同台对话。

文产互动：从城中村到戏剧谷

长守村背靠当地的马峦山郊野公园，与工业文明仅有咫尺之遥。

从村口出发，年销量超 400 万辆汽车的比亚迪全球总部基地与长守村只有一街之隔，28.5 秒下线一台手机的荣耀智能制造产业园，以及中芯国际深圳基地 12 英寸集成电路生产线，与长守村的直线距离均不到 5 公里。

中芯国际集成电路制造（深圳）有限公司制造部助理工程师郭会琴说：“坪山是一个产业大区，包含中芯国际在内有多个头部先进制造业企业，产业员工受教育程度高、年龄层在中青年，具有较强的文化消费需求和能力，迫切需要生产生活生态‘三生融合’的文化产品供给。坪山区举办的各类文化活动，深受同事们的欢迎，成为业余生活的重要组成部分。”

以“长守戏剧谷”为代表的新型文化基础设施全域浸润，通过“文体进四区”（园区、社区、校区、厂区），成为“三生融合”的生动体现。

坪山当地联手龙马社开展文旅合作开发，以“戏剧谷”为概念，规划建设文化长廊、民俗礼巷、长守别苑等六大区域团组，提供文化展示、艺术打卡、本土民俗、休闲互动、住宿空间、公共活动等特色文旅服务，打造集“戏剧演出、文化交流、文艺配套”于一身的“坪山·有戏”文旅品牌。

深圳坪山区的文化实践具有特殊样本价值。一个工业大区，正在成为创新之城的文旅沃土。亲子游、工业游、生态游……每逢假期，坪山区一直在“花式”造节日、办活动，努力让自己变得更“好玩”，推动消费场景“出新”。

数据统计显示，2025 年“五一”假期，坪山区共接待游客 30.81 万人次，较 2024 年同期增长 12.7%，其中港澳台游客同比增长 107.5%。

以文兴城：文化地标重塑城区气质

文化地标重塑了坪山的城区气质。如今，坪山区图书馆、美术馆、大剧院组成的“文化聚落”建筑矩阵已成为深圳文艺青年的聚集地。坪山区图书馆聘请文化名家周国平担任馆长，定期举办“书话坪山”文化沙龙，构建“垂直总分馆 + 城市书房 + 馆校合作”三位一体服务体系，让“15 分钟阅读圈”触手可及；舞剧《咏春》从深圳走向全国之前，在坪山大剧院完成首演前的创排合成工作；坪山区美术馆借助现代光影艺术手段举办法国画家塞尚作品展……

2025 年 4 月 21 日，粤语版荒诞喜剧《驴得水》在深圳坪山启动全国巡演，香港演员朱茵与罗家英时隔 30 年后在戏中再度携手。这是继舞剧《咏春》《敦煌归来》《肖申克的救赎（中文版）》等作品之后，又一部深圳出品、全国巡演的大戏。越来越多的文艺作品选择坪山作为“首发地”。

从机器轰鸣的车间到浸润书香的城市书房，从流水线上的精密制造到舞台上的抒情表达，坪山正以“工业硬实力”与“文化软实力”的双向奔赴，书写着从工业大区向文化强区跃迁的营城实践。

《我爱桃花》在坪山区上演以来，女主演高晓菲在闲暇时会乘坐轨道交通“云巴”在空中欣赏城市景色，也因戏会友与一些上班族观众成为朋友。“深圳是一个充满想象的地方，值得在此长守。”高晓菲说。

（印朋、李晓玲、孙飞）

05 文化产品出口：从“卖电视机”到“卖电视剧”

在过去很长一段时间里，我国的文化产品出口停留在“外围层”，真正含有核心内容的文化产品很少。说起来是“文化出口”，其实是以加工贸易为主。在第五届中国（深圳）国际文化产业博览交易会上，华强文化科技集团与南非国家工业发展公司达成意向，将在南非建立一个占地 77 万平方米的“中国迪士尼”。这使我国成为继美国之后第二个主题公园出口国，我国文化产品出口开始实现从“卖电视机”到“卖电视剧”的转变。

我国“卖电视剧”的时代正在到来　海外投建主题公园

与 2007 年不同的是，人们在 2009 年第五届深圳文博会动漫馆中，看到的更多是中国本土动漫企业所带来的原创动漫卡通形象：虹猫蓝兔、神厨小福贵、淘气包马小跳、憨八龟、喜羊羊……

继 2008 年上将拥有自主知识产权的文化科技主题公园输出到伊朗后，深圳华强文化科技集团又将在南非约翰内斯堡投资 2.5 亿美元，建设南非乃至整个非洲科技含量最高、占地面积最大、最具影响力的中国文化主题公园。此外，华强集团还完成了乌克兰克里姆半岛、尼日利亚阿布贾等地区大型文化产业主题公园的设计。

中国文化产品出口依然任重道远　推动文化企业上市

虽然近几年来中国文化产品出口形势发生了可喜的变化，渐渐从卖产品向卖内容转变。但是，我国文化产品在国际市场中处于劣势地位的状况仍然未变。仍有许多问题需要解决，如需加大政策扶持力度、建立文化贸易统计制度、打造一批有品牌、有竞争力的文化企业等。

《我国文化产品及服务进出口状况年度报告（2009）》显示，美国文化产品在国际市场上的份额高达 42.6%，我国只占 1.5%；2008 年美国海外票房收入 183 亿美元（全球票房收入 280 亿美元），而我国仅 3.6 亿美元。

时任文化部文化产业司副司长李小磊表示，今后我国将吸引更多的社会资本参与文化产业的发展，“推动具备条件的文化企业发行公司股票和企业债券，在资本市场直接融资，特别是在主板、中小企业板和即将开辟的创业板上上市融资”。

（赖少芬、吴俊、车晓蕙）

06 “油画第一村”大芬的多元发展新图景

盛夏，太阳早早升起，照亮深圳市钢铁水泥丛林中一个色彩和颜料的世界。这个面积仅有 0.4 平方公里的大芬油画村可能是中国画家密度最高的地方之一。

站在高处望去，大芬村巷道交错，画廊林立。这里聚集了 400 多名职业画家，其中 50 人为中国美术家协会会员，还有 1200 余家绘画产业相关门店和 2 万多名从业人员。在很多人口中，大芬是中国“油画第一村”。

走进摆满画架的绿荫小巷，一阵风吹过，悬挂的画布轻轻摇曳，画上的景物仿佛也变得更生动起来。拐角处，53 岁的李远福手握画笔，正在给游客的临摹画进行最后的润色。“一到周末和节假日，大芬的游客就特别多，很多年轻人喜欢体验画油画。”

大芬和油画的缘分始于 1989 年，这一年香港画商黄江到大芬创业，这里逐渐聚集起一大批立志出人头地的画家。李远福当年随黄江来到深

这是 2024 年 7 月 4 日拍摄的大芬油画村街景。新华社记者石昊摄

圳，几十年间见证并参与了大芬的崛起和转型。

油画不是生活必需品，其销量受经济环境影响较大。近几年外需不如鼎盛时期，城中村的艺术家也感到了压力。直面变化，画家们积极探索不同的经营模式，走上多元化发展之路。

穿行于风格各异的画廊，很多商家和李远福一样除了作画、卖画，还经营起零基础油画体验项目。从老年人到小朋友，不少人坐在画布前在老师的指导下点点画画，花几十元钱就能找到创作的成就感。

2023 年以来，中国各地掀起一轮轮文旅热潮。大芬的游客参观量 2023 年也超过 300 万人次，成了游客打卡的热门景点。李远福听说，许多外地游客到深圳的第一站就是大芬，他对即将到来的暑期旅游高峰充满期待。

大芬从临摹《蒙娜丽莎》等世界名画起家，但临摹画往往价格较低，国内外需求也在逐渐萎缩。一批画家由此将重心转移到原创画，其中就包括董朝阳和妻子曾敏。他们的作品广受海外人士欢迎，不久前刚有英国客户购买了一幅定制画。

“进店的外国游客总会被有中国本土特色的景观画吸引。”曾敏说，越来越多的外国人喜爱充满中国元素的文化产品，这是他们未来一个重要的创作方向。

在大芬，还有一些人将目光投向中高端画作，金红云就是其中之一。尽管竞争激烈，但她 2023 年还是租下一间很大的店面开起画廊，如今已经卖出几十幅名家原创作品。

游客在大芬油画村体验油画创作（2024 年 7 月 4 日摄）。新华社发（刘志扬摄）

在她看来，中国中等收入群体正在不断壮大，很多家庭不满足于普通的装饰画，选择购入中高端画作，这是一片前景可期的广阔市场。

艺术家最不缺的就是创意。开画家经纪公司，办美术培训班，经营咖啡馆，为公司和个人定制礼品，涉足首饰设计和制作，给街道办事处制作宣传漫画，组织国际油画展览和公益讲座……多元化发展的新图景在大芬徐徐绘就，艺术与市场、才华与财富正在实现有效对接和转换。

据统计，2023 年大芬油画总产值已达到 38 亿元。大芬油画村文化发展中心副主任张可说，大芬发挥其独特的文化优势和艺术魅力，积极探索文化与产业融合的新模式、新路径，以实现更高质量的发展。

（石昊）

07 湾区升明月　天涯共此时

2021 年 9 月 21 日 20 时 15 分，“湾区升明月”2021 大湾区中秋电影音乐晚会在深圳深情唱响，百名内地（大陆）、香港、澳门、台湾的电影人和音乐人齐聚一堂，深情演绎港澳和内地影视作品里的经典名曲，共同唱响新时代大湾区里的家国同圆之歌。

同根同源　同心同力

万里无云镜九州，最团圆夜是中秋。粤港澳大湾区文化血脉相通、地域情感共融、人缘相亲相近，一轮明月升，照亮人们心中对美好未来的共同祝福。

“我们想做的，也就是‘温暖的相聚’。大家从四面八方赶来，然后聚在一起。这场晚会就像港珠澳大桥一样，架起一个沟通和交流的纽带。”晚会总导演段崊说。

2021 年 9 月 21 日拍摄的“湾区升明月”大湾区中秋电影音乐晚会深圳现场。新华社发

整场晚会以团聚团圆为主旋律，以电影和音乐为媒介，邀请内地观众、港澳台同胞、全球华人共享电影之美、和合之美，共同感受大湾区的文化氛围，欢庆这喜悦与温暖的团聚时刻。

《真的汉子》《一生何求》《狮子山下》《月半小夜曲》……一首首粤语歌曲唤醒人们记忆中香港电影里的光辉岁月；而从诗意描绘大湾区的主题曲《湾》到家国一体、心手相连的《国家》《民生》，从澎湃着中华声音的《我的中国心》到歌颂抗美援朝精神的《最可爱的人》……一众经典歌曲更是唤醒观众的家国情怀和思乡情愫。

“中秋是团聚和传承的节日，这场晚会也是一场团聚和传承的盛会。为了参加这场演出，香港中乐团很多成员从全世界各地飞回香港，高度重

2021 年 9 月 21 日拍摄的“湾区升明月”大湾区中秋电影音乐晚会深圳现场（一）。新华社发

2021 年 9 月 21 日拍摄的“湾区升明月”大湾区中秋电影音乐晚会深圳现场（二）。新华社发

视。”段崃说。

晚会现场，蹚过岁月河水的音符，将中秋夜的万家灯火化作璀璨星光，触动人们心底最柔软的地方。“比电影更暖的是生活，比中秋更暖的是陪伴，比明月更暖的是祖国。”段崃说。

同根同源，同心同力——随着《横琴粤澳深度合作区建设总体方案》《全面深化前海深港现代服务业合作区改革开放方案》的正式发布，如今，粤港澳大湾区建设正迈入新的发展阶段。中秋一轮皓月，照耀的是粤港澳三地人民的团圆梦，更是大家共同建设大湾区的中国梦。

香港音乐人陈少琪形容，这是一场“用歌、用电影画面汇聚所有中国人的心”的特殊演出。他说：“我一直非常期待，在中秋节这个温暖的节日里，能有这样一个令人感动的节目。”

一脉相承　共同记忆

作为 20 世纪华语影视的先遣力量，香港电影和电视剧辉煌数十载，成为几代人的共同记忆。

《黄飞鸿》《新龙门客栈》《射雕英雄传》等武侠片的风格影响至今；《英雄本色》《纵横四海》《警察故事》中塑造的形象成为时代记忆；《大话西游》《重庆森林》《花样年华》早已被影迷奉为爱情圣典……

其中的经典歌曲更是印刻在每个人心中。大湾区中秋电影音乐晚会上，既有《男儿当自强》《敢爱敢做》中唱出的荡气回肠，也有《晚秋》《一生何求》《月半小夜曲》里的婉转悠扬，还有《世间始终你好》《喜欢你》里的情比金坚。

承载着港人成长记忆的《麦兜与鸡》和成为香港市民同舟共济、奋发图强象征的《狮子山下》，更反复拨动人们记忆深处的那根心弦，在歌声中品味经典，在经典中雕刻时光，在时光中找到自己。

回眸、牵手、相拥；美人、美食、美景；亲情、友情、爱情……伴随着美妙的音乐，香港电影中最美好的瞬间一一展现在人们脑海中。

段嵘说，晚会在经典曲目选择方面，既有经历过 20 世纪八九十年代香港流行文化的观众熟悉的歌曲，也有在当下通过短视频等方式重新被年轻人发现的曲目。此外，还有一部分普通话歌曲填上了粤语歌词，以及部分粤语歌曲重新填写了部分普通话歌词，更凸显出文化上的互通、情感上的交融。

“虽然不会讲粤语，但听着很亲切，唤起了很多回忆，梦回儿时。港澳的前辈艺人就像亲切的亲人和朋友。”内地歌手周深说。

在互联网上，晚会激起了千万网民的强烈回响。有网民留言说，这场晚会“既熟悉又陌生”；还有网民留言“耳熟能详，梦回儿时”“深入人心，跟唱落泪”；不少网民还送上“同赏一轮月，同在一大家”“人和月圆，大湾区明天更好”等美好祝福。

段嵘说，“十四五”规划纲要提出，支持香港发展中外文化艺术交流中心，这是首次将香港的文化地位写入国家规划。这既能够挖掘香港自身的文化特质，促进中华文化在香港传承和弘扬，也有利于借助香港国际化平台，向世界讲好中国故事。

“大湾区充满希望，人才很多，尤其是艺人一定要加油。我会尽己所能做好，做好传承和发扬。”香港艺人钟镇涛说。

情暖中秋　前程似锦

“前看，从来未踏足过的风光”“突破，为值得的未来奔波”……作为大湾区生活纪实主题曲，新填普通话歌词的《起跑线》响起，唱响香港年轻人逐梦大湾区的声音，青年们共同向着世界、向着未来启航。

从视觉设计引入港珠澳大桥元素，到出现在晚会现场的“嫦娥五号”探测器，再到用碑帖元素聚集而成的“湾区升明月”主题词……段嵘说，这场晚会追求时尚感、国际化、年轻化的表达，期盼着大湾区更加美好的未来。

香港月饼、澳门糕点、佛山家电、东莞服装、广州美妆、深圳数码……作为产业集聚和创新发展高地，粤港澳大湾区有引领全球的“湾区制造”，也引领着生活消费风尚。

自 2021 年 9 月 2 日起，首届“粤港澳大湾区购物节”已把湾区好物推荐到了全国各地。晚会现场，超过 100 名明星和淘宝主播在晚会现场深度联动，同步带货大湾区。

据统计，截至 21 日，大湾区购物节总参与消费者 1.9 亿人次，总销

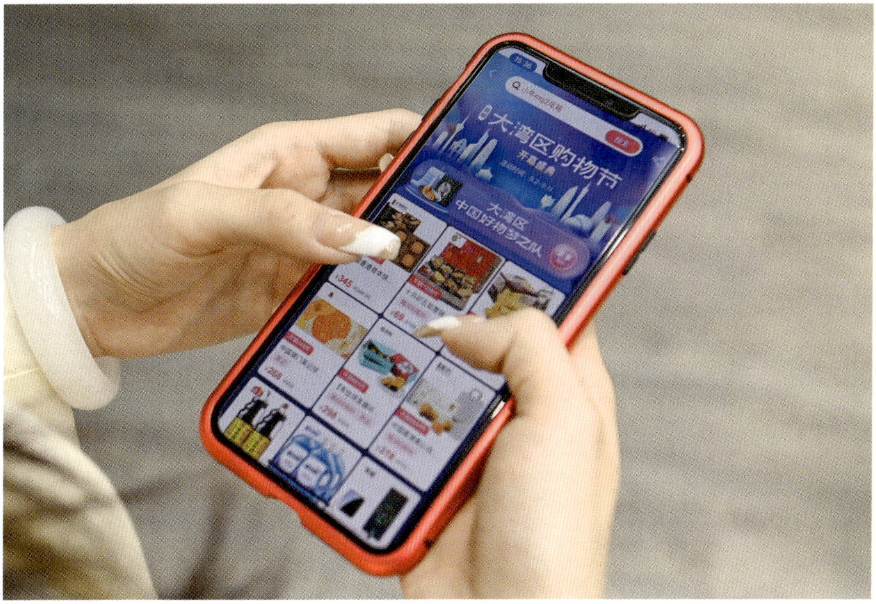

消费者在淘宝上选购湾区好物。新华社记者王丰摄

售超过1000亿元，有力带动了大湾区消费升级。主办方也宣布将每年的9月2日定为“粤港澳大湾区购物节”开幕日，持续推动粤港澳融合发展，为广大消费者提供丰盛的湾区好物。

湾区升明月，星光奏长歌。在中秋夜的光影斑斓中，粤港澳大湾区正朝向生态安全、环境优美、社会安定、文化繁荣的美丽湾区阔步迈进。

“大湾区很有发展前景，有得天独厚的资源，聚合了电影人才。希望未来一起为影视文化发展做出新的贡献。我们希望用优秀的影视文化作品反映、记录、带动大湾区建设的光辉历程，为大湾区发展献计献策。”电影《长津湖》出品人于冬说。

（王丰、赵瑞希、丁乐）

08 开启“国际支付季” 便利境外来深人员消费支付

2024 年 4 月 1 日，深圳开启“国际支付季”发布活动，展示了 2024 年以来优化便利境外来深人员消费支付的阶段性成果。

2024 年 1 月至今，深圳推出了微信支付跨境、现金零钱包、数字人民币硬钱包、便利支付示范商圈建设等一系列举措，持续优化便利境外来深人员消费支付。

据悉，2024 深圳国际支付季活动聚焦机场、口岸境外来深人员“第一站”和购物消费、酒店住宿、交通工具、旅游景点等消费的重点场景，开展了超过 340 场惠民促消费活动，通过发放消费券、完善支付受理环境等举措，实现“大额刷卡、小额扫码、现金兜底”的支付方式全方位的畅通便利。

为打通小额支付的“堵点”，2024 年 1 月，财付通推出“畅行华夏”免验证小额支付服务。外籍人士使用国际卡绑定微信支付时，仅需提交简单信息即可在一定额度内先行消费。当累计交易额度达到限额后，再

2024 深圳“国际支付季”发布活动现场。

完善相应信息升级到完整服务。

针对外籍来华人员、老年人等群体偏好使用现金的支付习惯，2024 年 3 月，人民银行深圳分行结合深圳实际指导银行机构推出标准化“零钱包”服务。一方面制定统一的“零钱包”标准化服务规范，设立兑换“专柜”、开辟兑换服务“绿色通道”；另一方面统一“零钱包”内容标准，设置 100 元、200 元、500 元三种“零钱包”规格，并对银行网点“零钱包”配备数量和小面额零钞备付金额度作出具体规定。

据了解，截至 2024 年 3 月底，深圳市 1640 个银行网点、覆盖口岸、交通枢纽的 31 个外币兑换点均可提供“零钱包”兑换服务，累计兑换“零钱包”3.68万个。其中，针对出租车重点服务场景，组织银行与63家出租车公司结对，累计上门服务866次，兑换标准化“零钱包”数千个，切实发挥了现金服务“兜底”功能。

在示范商圈建设方面，深圳宝安国际机场商圈目前已实现Visa、Mastercard等外卡支付受理覆盖率超90%，数字人民币受理覆盖率超80%，5个货币兑换点覆盖国际、国内出发和到达各个区域，新引进8台可外卡取现的ATM机和3台数字人民币硬钱包终端设备。

数字人民币硬钱包卡贴合外籍人员用卡习惯，是丰富短期外籍来华人员支付手段的有效措施。目前已有超3.6万部终端设备、100余条公交线路支持受理硬钱包。

银联商务副总裁孙战平介绍，银联商务创新推出“手机App受理硬钱包”产品，该产品也是依托商户端App实现数字人民币硬钱包受理的

外籍客户在农业银行深圳分行网点兑换“零钱包”。

全国首创。

“商家收款时，通过手机收款入口调起手机 NFC 功能，消费者近场挥卡，使用 IC 卡、手机、可穿戴设备等形式的数字人民币硬钱包即可实现支付。这种模式很好地解决了传统 POS 机具布放成本较高的问题。”孙战平说。

在服务港澳同胞方面，深圳创新推出“外包内用”、代理见证开户、数字人民币硬钱包等一揽子跨境支付产品和服务，有力促进了粤港澳大湾区的互联互通，为港澳同胞入境工作、生活、旅行提供了便利。

（卫韦华）

第五章

志愿之光：城市文明的温暖底色

深圳的志愿者与城市文明，是一场双向奔赴的温暖共生。从大运会场馆里的热情指引，到社区街角的便民服务，数百万志愿者如点点星光，汇聚成照亮城市的文明火炬。这份志愿精神，不仅是城市文明的生动注脚，更化作深圳的精神基因，带动更多人参与到文明实践中，让奉献、友爱、互助、进步的种子在城市每个角落生根发芽，共同铸就这座城市崇德向善、文明向上的鲜明底色。

01 深圳人还这么温暖

因为一条热线，外地人在这片陌生的土地上有了寻求帮助的途径。

深圳“志愿者之城”建设经历了从提供社会服务向参与社会治理、凝聚社会共识的转变。

面对社会治理中的“堵点”“痛点”，需要志愿者从“神经末梢”到“毛细血管”贡献更大能量。

“来了就是深圳人”后面还有一句话：“来了就做志愿者。”

从1989年至今，深圳志愿者队伍从不到20人的“小鲜肉”发展到近200万人的大块头，位居全国前列。随处可见的红马甲们，正为这座创新、移民的城市烙下志愿者之城的鲜明印记，为志愿服务发展带来启示。

从19人到186万人

1989年，一条由19名爱心人士轮流接听的“为您服务”热线电话，成为“志愿者之城”的萌芽，让年轻的来深弄潮儿在这片陌生的土地上有了寻求帮助的途径。

“电话白天是深圳团市委权益部的办公电话，晚上就是我们的服务热线。”当时参与电话热线服务工作、在深圳市电子技术学校任教的巫景钦回忆说，不少外资企业员工在遇到困难需要维权时，无处申诉；另外，人生地不熟的他们在深圳生活常遇到棘手之事。由深圳团市委权益部牵头，巫景钦与其他 18 位青年组成了第一批志愿者队伍。

深圳市义工联合会注册成为国内第一个法人志愿者组织，派遣第一批国际志愿者，设立第一个“义工服务市长奖”……随后，一系列创新举措在深圳不断推出，一些志愿者还就外来务工青年权益保障、住房制度改革等进行调研，推动相关问题的解决。

浓厚的志愿者文化，庞大的志愿者队伍，丰富的志愿服务内容，让深圳赢得“志愿者之城”称号。截至 2020 年，深圳市注册志愿者人数达 186 万，全年志愿服务总时长达 1400 万小时。志愿服务覆盖范围、参与领域由U站、道路、交通枢纽向窗口单位、政务大厅、基层社区延伸，形成了志愿服务的“深圳特色”。

在深圳市南山区桃源街道龙光社区，70 岁的“爱心李大姐”李秀英从 2020 年 1 月 31 日开始，在社区出入口为居民测量体温，协助社区组织发展志愿者小队。

1998 年就开始参与志愿服务的李秀英，如今已是服务时长最高等级的“五星级义工”。她还动员家里女儿、女婿、“00 后”外孙女同上阵，“祖孙兵”共同加入到志愿工作中。“我身体还行，作为一名老志愿者要做有意义的事。”李秀英说。

从版本 1.0 到 3.0

2011 年，在深圳举行的第 26 届世界大学生运动会，带动大量社会力量加入志愿者队伍，同年，深圳系统性提出建设“志愿者之城”，致力把深圳打造成一座乐于奉献的城市。到如今，随着模式的不断纵深发展，志愿服务的内涵不断丰富。

——以社会化、项目化、活动型为特点的“1.0 版本”，重点开展文明城市创建、突出弱势群体关爱、对口帮扶及国际化城市建设等工作。

2015 年前，区别于行政动员，深圳通过社会化动员方式来组织志愿服务。这一时期注重以开展活动的形式参与社会服务，主要集中在社区、老人院、福利院等场所。同时，随着志愿者队伍日渐庞大，单纯的活动型、碎片化、临时性的志愿服务已不能满足需求，需要开辟常态化、岗位化的志愿服务。

——“志愿者之城”“2.0 版本”，完善 U 站服务体系、志愿服务制度及信息化平台建设，志愿服务逐渐向制度化、岗位化、信息化层面延伸。

从 2015 年开始，深圳逐步确立“立法 + 制度”的“1 + 13”管理模式，1 即《深圳市义工服务条例》立法，13 即招募、培训、岗位服务、日常行为规范等 13 项制度。

深圳大运会时期成立并保留下来的志愿服务 U 站，是城市志愿服务的载体。从最初的城市志愿服务 U 站开始，逐渐“裂变”出医疗健康、政务服务、文明旅游、生态环保等 U 站，365 天“不打烊”，创造了大批常态化志愿服务岗位。

深圳还推出了“志愿深圳”信息平台，产生了多功能电子义工证。目前，“志愿深圳”信息平台日均浏览量超过 16 万次。

——以制度化、专业化为引领，从 2017 年开始深圳积极发挥志愿服务在参与社会治理、推动可持续发展中的重要作用，打造“志愿者之城”“3.0 版本”，在水污染治理、公共安全、垃圾分类等领域探索并取得突破。

从早上 8 时到 20 时，三班倒值守在治水 U 站，沿河巡查是否有违规排污，采集水样监测水质为政府提供预警信息……这就是志愿者河长石兰涛的一天。在深圳，这样的志愿者河长有 702 名，在他们引领下，参与治水工作的“河小二”志愿者超过 10 万名。

时任深圳团市委书记方琳说，深圳“志愿者之城”建设经历了从提供社会服务向参与社会治理、凝聚社会共识的转变：如水污染治理，深圳志愿者们从最初的宣传呼吁，转向纵深参与河流水污染防治的全过程，最终形成了水污染治理社会参与的新模式——除了志愿者河长、U 站，还创立了志愿者河长论坛、成立志愿者河长学院、发起志愿者河长联盟、建立志愿者河长基金等。

从“神经末梢”到“毛细血管”

面对社会治理中的“堵点”“痛点”，需要志愿者从“神经末梢”到“毛细血管”贡献更大能量。

中国（深圳）综合开发研究院常务副院长郭万达认为，推动“志愿者之城”持续升级发展，要运用现代公益理念，发展专业化志愿服务队伍，运用专业化的社会工作方式来参与社会治理。

按照“推动社会参与、实施专业参与、实现全过程参与、形成复制推广模式”理念，深圳在公共安全等领域创新志愿服务模式，如将食品药品安全志愿者打造成食品安全督导员、餐饮巡查员。

食品安全是一项重要的民生工程，面对层出不穷的食品安全事件，仅依靠政府执法部门，不能满足实际工作需要。2018 年 5 月 1 日实施的《深圳经济特区食品安全监督条例》，明确赋予志愿者社会监督职责，鼓励和支持志愿者开展宣传、违法举报和对食品安全工作提出建议。

深圳市食品药品志愿服务总队负责人吴涌涛表示，深圳现在食品药品经营主体接近 40 万，但监管人员只有 3000—4000 人。目前食品药品志愿者队伍人员是公务员的两倍，且呈上升趋势，未来将与监管人员紧密配合，及时反馈情况。

深圳志愿服务质量不断提升，“赠人玫瑰，手有余香”的观念早已深入人心，但这还不够。“面对新形势新任务，深圳志愿服务的发展已经不局限于开展基础性的公共服务，‘志愿者之城’3.0 建设最终解决的是凝聚社会共识，实现社会主义核心价值观的最广泛传播和普及。”方琳说。

（孙飞、王晓丹、吕晟）

02 三万人变两千万的背后

从 1980 年设立特区时不到 3 万人口，到实际管理人口超过 2000 万，成为我国最大移民城市，这里吸引了无数人。

从满地黄土到高楼林立，这座城发展速度惊人且设施便捷、治理精细，几乎浓缩了国人对“发达”城市的所有想象。

这里像梦想“滋生”的温床，城市上空充满着触手可及的“成功泡泡”，仿佛只要努力踮踮脚就能够着。

不怕失误，不怕特立独行，不怕大胆突破，就怕没有想法、懒于试错、疲于奋斗。

与其说这里圆了许多人的梦想，不如说是敢闯敢拼、勤劳智慧的人们塑造了锐意创新、彰显个性、追求卓越、宽容失败的城市个性和风貌。

这里，是深圳。他们，是成就深圳的每一个人。

2019 年 4 月 14 日，第十七届中国国际人才交流大会在深圳启幕，来自 50 多个国家和地区的 4000 多家专业机构和组织、4 万余名海内外政府代表、专家学者、高端人才应邀参展参会。新华社记者毛思倩摄

拓荒者

登上前往广州的火车时，杜先芳并不知道等待自己的是什么。

那是 1983 年的春天。18 岁的杜先芳和几十个同事一起，从湖北荆门出发，前往一个“刚被圈出来的地方”。彼时，距离深圳建市不过 4 年、设立经济特区不到 3 年，万丈高楼还处在“平地起”的阶段。

他们是中建三局的建筑工人。辗转到达目的地，意料中的尘土扑面而来。“地方很小，路很窄，破败得完全没有城市的样子。”这是杜先芳对深圳的第一印象。

他们随后被分到国贸工地，由于人手短缺，这支一半都是姑娘的粉刷工队伍全被改成了钢筋工。“每天我们去加工厂清点钢材，然后运到操作

广东自贸区深圳前海蛇口片区。新华社记者梁旭摄影

平台，再进行绑扎。”杜先芳说，刚开始一个劲跟着师傅干活，并不知道自己在参与建设中国第一高楼。

很快，标准层开始使用滑模施工，这是浇筑混凝土阶段省时省材料的办法。杜先芳在龙门架下方的狭小空间内绑扎钢筋。每半小时滑模提升20厘米，在此期间不仅钢筋工要完成绑扎，混凝土也要紧接着打入其中。

不断沿着凝固混凝土表面向上滑动，滑模让施工效率得以提升，但过程不能停顿。“很多时候要么暴晒要么淋雨，大热天时踩在钢板上直跳脚，下雨就直接把手套摘了，靠一双肉手‘对抗’钢筋。”杜先芳说，“下班时衣服上都是锈，最开心的是每天能吃到小蛋糕、喝汽水。”

他们住在工地旁用毛竹搭成的简易工棚里，除了床几乎没有其他家具，被大家戏称为“竹园宾馆”。这是早年深圳建设者的集体记忆。比杜先芳更早来深圳的铁路工黄海清回忆：“实在没地方住，只能用竹子搭，夏天高温也没电风扇。”

起初，一条通向广州的单轨铁路、

一段连接香港的木桥成了深圳与外界少有的联系。在几近荒芜的土地上，黄海清指挥着30多辆运输车不停往返、运送材料。各地建设者、工程兵蜂拥而至，慢慢打通城市血脉。单轨变双轨、木桥变新桥，直到建成贯通内外、纵横交错的路网。

工作和生活简单朴素且艰苦，这群刚离开家乡的年轻人无暇思考太多，但杜先芳还是被“卷”进了一场历史奇迹——随着滑模施工技术使用逐渐熟练，楼层建设速度不断加快，创造了“三天一层楼”的速度。

“滑模一直不停，我们也不停，就想赶紧干完。”她说，“那时候年轻，浑身都有劲，三天只睡几个小时都没事，很多时候眯一会儿就得接着干活。”

1985年年底，国贸大厦宣告竣工，历时37个月，以160米的高度摘得全国第一高楼桂冠。此后，“三天一层楼”成为深圳速度的象征，神话与奇迹打开了深圳敢闯敢拼的大门。

7年后，邓小平登上国贸大厦53层旋转餐厅，在此发表了南方谈话中的重要内容。

国贸大厦建成后，短短几年，深圳已开始显现商业发展的“端倪”。年轻的高楼和街道翻涌着充满机会的“波浪”，吸引着五湖四海跃跃欲试的人们。

张庆杰凭着发小一句“要不要去闯闯”，就带着一辆二八自行车从老家汕头来到深圳。已经建起部分楼房的罗湖区经济发展小有规模，夜晚依然热闹，让他感到新奇又兴奋。

“感觉遍地都是可以做的生意。”张庆杰决定先利用手头的自行车和不多的本金卖水果。每天一大早，他骑车到30公里外的蛇口码头进货，再骑回罗湖。折腾两三个月后，他又看中了日用品和服装市场。“最开始只租得起别人店门口那一小块旮旯，拿纸箱子摞起来放几条裤子卖，后来慢慢好起来了。”他说，“那时候只要你敢试，做生意难度并不大。”

在摸爬滚打中走进了 20 世纪 90 年代，张庆杰已经开了几十家小型商场，主营服装和电器。员工数量急剧增长，管理上的难题随之而来。“当时我从老家带了两三百个老乡过来，为了激发大家的热情，就搞了激励机制。”他说，通过每个月拿出 30% 的利润奖励老员工，收效甚好。

不久，张庆杰的生意版图拓展到还未开发的南山区。本想开个百货商场的他，发现周围并没有居民，倒是有些没盖好的楼房，索性他直接转行做家居建材。“我把很多家居品牌集合在我的店里，像一个超市，满足大家不同的需求。”“招式”正确的张庆杰从此跟着深圳城市发展路径“开疆辟土”，哪里盖房，店就开到哪里，慢慢建起自己的“商业大厦”。

如今，深圳已不再是名字中“圳”所描述的田间水沟，曾经星罗棋

深圳特区的青年人经常抓紧业余时间学习专业知识。这是深圳市蛇口开源有限公司的女青年倪虹在自学外语（1985 年 3 月 7 日摄）。新华社记者张福来摄

布的鱼塘和村庄被宽阔道路和高大建筑替换。许多和深圳一起"起高楼"的拓荒者选择在这里安家，让自己的人生和这座城市更加紧密地联系在一起。

已经退休的杜先芳每到国贸大厦总会想起当年的峥嵘岁月，"我常跟女儿自豪地说，看，这一块就是老妈建的"。

奋进者

程一木1991年来到华强北时，这一带还是工业区模样。站在华强北路口向北望去，厂房遍布，唯独他工作所在的赛格电子市场还有些热闹。他完全没想到，这条主干道900多米长的街区，之后会商铺林立、人潮涌动，成为中国最大的电子市场。

"发迹"于20世纪90年代，华强北像有一股魔力，任何新式的电子产品一到这里，相关配件、组装、销售迅速聚集，再在全国市场铺展开来。深圳宽松的市场经济环境，加上电子产品市场尚属"蓝海"，似乎每

2019年3月19日拍摄的深圳市区。新华社记者毛思倩摄

一个元器件都在抛出橄榄枝，只要“入场”，收益显现。商户们马不停蹄寻找商机、配套产业链、打开市场，一步步将华强北推向行业顶端。

陈海升 1994 年就在华强北租了店铺，卖录像机、VCD、传真机。“以前很多人来深圳出差，都要带一个电器回去，每天出货量很大，早上还没开门就有人排队了。”他说，“那时候生意简单，只要胆子大就有机会。”

但机会带来的“红利”并未持续太久，店铺越来越多，竞争自然更加激烈，陈海升开始寻找新的出路。他开了一家传真机组装厂，但由于缺乏核心技术，品质一直不过关，两年后工厂宣布倒闭。

回到华强北的陈海升决定进军上游，做电子元器件。“以前一个电子产品可以卖两三千块，元器件一个才不到一分钱。”但无奈转行的陈海升很快发现，“这个市场是真的大，元器件是刚需，所有电子产品不可或缺，就像人依赖大米一样。”

有开工厂经验的陈海升意识到品质和品牌的重要性。“我们最初的产品是含铅的，但接触国外加工厂后，他们告诉我以后欧盟的标准是无铅，我就痛下决心把含铅的产品一次性处理掉了。”他认为，选择含铅和无铅的区别，在于想做生意还是干事业。

“一条道走到黑”的陈海升随后见证了小灵通、手机、电脑等在华强北的“高光”时刻。手机市场的鼎盛将华强北推到了浪尖，高峰时各个大厦 80% 都被手机商占据。

涂皓就是其中之一。“起初租柜台，一个月能卖 2000 台左右，一年后租下店面，月出货量就破万了。”华强北山寨手机“疯长”，几乎垄断了全国市场。“极盛”过后，迎来大跌，但他早有准备。

“之前我出差就发现，没有自己的品牌是不行的，但大品牌已经占领了国内市场，想要突破很难。”于是他把目光投向了南美洲。续航能力强、价格实惠、能收看电视，涂皓很快抓住了当地消费者的喜好。

“早期南美人喜欢全键盘，因为他们习惯按键打字。我就按照他们的喜好设计外观，再装上天线，一拉出来就能看球赛。”靠着对市场敏锐的洞察和华强北完整的产业链，涂皓逐渐在南美打开市场。随着手机更新换代，他也开始开发平板电脑、蓝牙音箱等产品。2019 年，他的公司销售额达到 3 亿美元。

涂皓把自己的成功转型归结为“市场推动”。早期的华强北的确赋予了太多人机会，面对“从天而降”的市场机遇，只要靠勤奋进取，就能带来收获。但随着时间推移，华强北的成功秘诀加入了品牌思维、研发创新、营销方法、战略规划等更高要求。

“充满机会”是当时深圳每一寸土地散发出的“气息”，但通往成功的道路向来不只有一条，千千万万奋进者在各自赛道上施展拳脚、各显神通。

当“陈海升们”在华强北“搅动风云”时，贺鹏麟在汽车修理厂当学徒。一开始，他只能跟在师傅后面有样学样，并不知道每天拿在手里的各种汽车部件是什么原理。但好学的贺鹏麟还是找来了书籍，晚上在车间把放下来的部件解开，对照着一一摸透。

“比如发动机没力到底是点火系统还是喷油系统故障，根据原理两三个步骤就能找到故障点。但如果不懂的话，就只能一个个部件换，这是非常浪费的。”一心钻研修车的贺鹏麟只想尽快提高技术，因为“当上师傅工资能涨不少”。

想法单纯的他在第七年迎来机遇。“有个司机看我活儿不错，懂电路和维修，就介绍我去一家科技公司做 GPS 安装。”贺鹏麟说，一开始产品装到车上可能产生故障，他就负责解决电子设备和车辆的兼容性问题，“很有成就感”。有一次去甘肃出差，车上电台一启动就带动雨刮器，他凭借经验加了一个滤波电路，果真解决了问题。

他很喜欢向研发团队的大学毕业生请教，“以前遇到问题要去图书馆翻书，现在问一句就能知道是咋回事了”。

之后他又去了一家生产汽车故障诊断仪的公司，主要辅助工程师进行产品开发。丰富的实战经验让他成为修理厂和工程师之间的“桥梁”。“修理厂修不好的车就找我，全是疑难杂症，我就凭经验辅助工程师找到‘症结’所在。”这段时间成了贺鹏麟修理技术进步最快的时候。

2005 年，贺鹏麟参加深圳市汽车维修技师职业技能竞赛，获得汽车维修电工第一名，直接取得高级技师证书。技术带来的荣誉接踵而至，2012 年，贺鹏麟成为享受国务院特殊津贴人员。“没想到高中文化的我能得到这份殊荣。”他说，是城市包容宽松的氛围和机遇成就了自己。

这些年，贺鹏麟一直在研发盲区主动刹车系统，希望解决大型渣土车盲区事故多发问题。“渣土车走的地方通常比较复杂，传感器应该选择什么样的，业内也没什么参照。我们 2018 年春天在小轿车上基本测试成功了，但换到大车上完全不是那么回事。”经过多次实验，他们终于定制出适用于近距离感应的雷达，在驾驶室右侧下方、前方保险杠两侧安装传感器，感应大型车辆起步和右转弯时盲区出现的人和电动车，自动刹车，避免事故。

贺鹏麟认为，这就是他在这座城市“奋进的目的和自我实现”，“因为这保护的是每个家庭的平安”。

颠覆者

“世界是三维的，以后所有终端都能通过三维看懂世界。”创业初期，黄源浩说这话时，没多少人相信。

光学测量博士出身的黄源浩曾用10年时间，辗转国际七个研究所，研究多个细分领域。“我从2002年就开始研究三维成像和测量，并且我认为将来一定会走进寻常百姓家。”基于这个信念，2013年，他在深圳创立奥比中光科技有限公司，专攻3D传感技术。

这是一家提供3D视觉传感器硬件和解决方案的公司，但起步阶段只有20人，其中五人负责研究芯片。

在深圳留学生创业大厦一个260平方米的办公室里，穿着防尘服、戴着护目镜的黄源浩在办公桌上摆弄测量仪、记录板，从零开始打造自己的三维世界。“芯片、模组……每一个核心部件的研发，我们都是在这个空间里完成的。”他说，最开始每年投入数千万元，但产品和收入都是

在深圳南山区，高科技企业云集。新华社记者梁旭摄

零，最艰难的时候账上的钱只够维持三四个月。

但复杂技术向来需要时间、努力和耐心浇灌。而黄源浩，还有更敏锐的市场眼光。2015 年，他就判断在不久的将来，手机也会采用 3D 摄像头。其中，结构光方案的 3D 摄像头因在一米内近距离测量表现良好，是实现刷脸支付、解锁等功能的上佳选择。

他们果断做出了结构光方案和原型演示产品，但国内手机厂商有些犹豫，“毕竟国内外还没有手机用这种摄像头”。转机发生在 2017 年 9 月，随着全球第一个搭载 3D 结构光摄像头的手机推出，短短 20 天内，国内就有 3 家厂商向他们抛出橄榄枝。

根据自身规模，他们决定用所有资源和一家厂商合作，以保证质

量。“客户的要求不是跟风国外技术，而是超越，这就要求我们的芯片更高效、功耗和成本更低、唤醒时间更短。”黄源浩说，这样的要求基本上“触及物理极限”。

在手机摄像头领域试水成功后，他开始在智慧零售、智能制造、AR/VR、智能安防、智慧交通、工业测量等领域拓展，服务全球客户超过2000家。

在资源、产业链和人才大量集聚的深圳，创新变现仿佛触手可及，但多年来，支撑公司前行的还是底层技术不断革新。目前，黄源浩团队已经在3D视觉感知主流技术进行了自主研发布局，成为全球少有在结构光、双目、iTOF、dTOF、面阵激光雷达5种3D视觉技术全面布局的企业。

“在消费端看起来颠覆式创新的产品，背后的技术演进都是渐进的。”黄源浩认为，自己不是颠覆式创新者，但他想成为领先全球技术的颠覆者。

有同样想法的还有王建涛。他是中广核核电运营有限公司发电机检修主任工程师。1996年中专毕业后，他进入大亚湾核电站维修核燃料装卸系统。最开始连设备上的英文都看不懂的王建涛，在工作的第10个年头，干了一件大事。

2006年，他被调去维修发电机。一上岗就发现，维修发电机定子线棒是个辛苦又容易出错的活儿。定子线棒内部结构复杂程度堪比人体血管，检修至关重要。

“以前测量它的绝缘状况前，需要把内部水分完全吹干。”王建涛说，“我刚参加大修的那次，已经过了10天，还偶尔能吹出点水。天天加班加点，也想了很多办法，最后折腾差不多半个月才测量合格。”

那次之后，他开始琢磨专用工具替代人工吹扫。最开始自己画图、买设备、加工模型，搞了10年电气的他尚能应付，但随后的编程直接让他开始了漫长学习。

接下来是怎样快速把水从定子线棒中全部吹出来，“我一直在想是不是压力不够高，但太高直接威胁安全，抽真空又很慢……”想不出办法的王建涛决定做个透明模型来观察。

他让同事用透明塑料做好线棒仿真模型，灌上水，装上进、出气控制阀。反复尝试自然吹、突然打开进气阀和突然打开出气阀三种方法。奇迹出现在突然打开出气阀时——“那时整个筒已充满了差不多3个大气压的压缩空气，出气阀突然打开，模型内就像一下子炸开了一样，气体和水混合翻滚着一起跑了出来！”

开明的领导立刻请国内顶尖专家做了评审，并决定在下次检修中试用。当王建涛按下触摸屏上的“启动”指令，压力开始慢慢上升。“2.8、2.9、3.0，都3.0了怎么还没排气？”他探头向排气口看去，“嘭”的一声，大量的压缩空气混合着水雾喷了他一脸。

接下来10年时间里，他已经不记得自己改了多少次设计。改进到2017年第五代发电机定子线棒吹扫装置时，只用7.5小时就能达到绝缘优秀值。“这比原先的十来天快了好多倍，关键是全自动，不用人整天提心吊胆盯着压力表和操作阀门。”王建涛说。

除了不断改进定子线棒吹扫装置，这些年他还发明了发电机抽穿转子激光安全测控系统、发电机转子多功能模拟装置等，发明创新共申请国家专利128项，帮助核电站在更加安全的检修基础上提高效率，节省成本。

2019年，他考取了清华大学创新领军工程博士，继续在高电压与绝缘技术专业深造的同时，他还负责“发电机检修与试验智能机器人”项目。“以前我们每年花大力气将转子抽出来检修，稍微磕着碰着损失都很大。”他希望在转子和定子之间的狭小空间内放入检修机器人，更加安全高效地完成这项工作。

“目前全球还没有公司的机器人能实现定子表面清洁、槽楔故障处理、自动换槽等功能。”王建涛说，“我们不是在国外的基础上改进，而是从零开始，因为我们想比他们做得更好。”

梦想者

凌晨3时，热闹的城市逐渐“睡去”，陈用发一天的工作才刚开始。熬粥、煮豆浆、备菜……他经营的这家“左撇子早餐店”即将迎来第一拨客人。

倒米浆、打蛋液、淋调料，即使只用左手，他依然准确麻利、动作一气呵成。他并非天生左撇子。店名和他自己经历相关，因为右臂截肢，所有工作只能靠左手完成。

1999年，不想在湖南老家挖矿的陈用发来到深圳打工，一下车发现地上没泥巴，他觉得自己来对了。他在南山区一家来料加工厂加工牛仔布，满是年轻人，三餐固定、生活有规律都让他感到兴奋。“好潇洒啊！”他感觉自己充满力量，工作也没有挖矿辛苦。

这样的日子只过了半年。一个赶工的晚上，他的右臂不小心被卷进机器，19岁的年轻小伙顿时失去一只胳膊。

“只想逃离”，陈用发迎来人生“至暗时刻”，吃饭拿双筷子都发抖。他在医院住了半个月，老板并不想在他身上花多少钱。如果不是工会的人告诉他，他甚至不知道还有工伤赔偿这回事。

他住在一位好心的律师家里，并不知道自己未来还能干什么。官司打了两年，15.8万元、两个假肢，陈用发终于拿到了赔偿。

“我仔细想了想，其实自己只是干不了重活，动动嘴和脑子还是可以的。”拿到赔偿后，陈用发联合工友们做一些公益，向受工伤的打工者提供法律援助和心理疏导，一干就是七年。

“到 2009 年那会儿，深圳的法律援助起来了，我们就没存在的必要了。”感觉已经完成使命的陈用发决定做点生意。

他在龙华区一家早餐店门口租了一小块地卖豆浆，“刚开始做得真不好喝，而且产品太单一，生意一直不好”。

后来他学会了做肠粉，改进汤汁，在早餐店加入了各式米粉和粥，生意逐渐红火起来。做了十多年早餐的陈用发如今操作熟练。“有次顾客要求 15 分钟内做好 15 份肠粉，不然就不要，我只用了 14 分钟。”他说，

深圳夜色。

“只要看到别人把我做的东西吃光就高兴得很。”

闲暇之余，他喜欢坐着四通八达的地铁到处逛逛，看看别的店铺怎么服务、别人广告做得好在哪里。曾经想逃离深圳的陈用发逐渐爱上了这里，“这里能让我一直学习，视野更加开阔，内心也更强大，我还能更多地去关心别人”。

如今，他的女儿已经在店铺附近的牛栏前学校读书。“我在网上提供社保、居住证和房屋租赁合同等证明后，就把女儿的学位申请下来了，非常方便。”陈用发说，“政府每年还有7000块钱学位补贴，剩下3000多块钱的学费完全负担得起。我现在就想好好在这里生活，重要的是女儿也在身边。”

偌大的城市藏着无数个坚强的陈用发，用自己的努力和付出，安静、踏实地书写梦想和人生。

王利军的梦想就藏在距离不远处的上围村，这是深圳一片还未被开发的客家居民村。不大的村庄里，一座座普通的农家小院被艺术家们改造得格外精致。2019年，随便来走走的王利军觉得这里很漂亮，就直接住了下来。

他在村里找了一个带庭院的房子，过上了自己向往的生活。“我先把室内改造了一下，找来废弃乒乓球桌用作平时画画的地方。”王利军用自己的乳名“麦平”在这里建了工作室。平时给别人画画，闲暇时就到邻居家坐坐。

“这里祥和得像个乌托邦，出去都不用锁门。但这里的艺术家们也不只是‘闭关’创作。”王利军说，之前村里有些破败的房子，经过艺术家们改造，变成了展厅，“我们想跟村民一起，把这里建设得更好”。

涂鸦师陈传沛给村里的围墙涂满了墙体彩绘。他比王利军更早来到上围村，对这里的生活节奏早已十分熟悉。“我正在做一些乡村活化项目，上围的经历给了我很多灵感，这里不仅有艺术家营造起来的氛围，政府做的配套设施也很完整。”他说，“很多村庄面临人口外迁、祖屋荒废的问题，但我希望保留本土文化，重新展示给世人。”

每天在外工作回到上围村，陈传沛才觉得回到了“自己的位置”。在这里，看不到城市里的一切，却又属于这个城市，“一群志趣相投的人聚在一起，能够在这样的大城市有一处安静的交流地，夫复何求呢”？

王利军希望，自己的绘画能在上围村落地生根。“这个城市那么包容，每个人都能找到自己梦想寄托的地方，而我就在这里。”

（周科、黄垚）

03 让新就业群体感受更多暖意

如今，快递外卖等骑手小哥已经成为城市的一道风景，他们就像辛勤工作的“小蜜蜂”，走街串巷、风雨无阻、日夜奔忙，服务着千家万户。如何更好地保障骑手小哥的权益、让他们融入城市的基层治理，也成为城市发展新的课题。近年来，深圳加强改革创新，不断完善新就业形态劳动者工会服务体系。

广泛吸纳入会

位于深圳市的快递企业顺丰，到 2022 年，已有工会会员近 60 万人。

“加入工会十分便捷，这其中有 40 余万人是通过网上申请入会的。”顺丰工会相关负责人说，在顺丰的 12 万自有职工中，加入工会的有近 10 万人。

庞大的工会会员群体，如何建立健全服务体系？

在顺丰速运深圳区福星营业部，员工一起吃团年饭（2021 年 2 月 11 日摄）。新华社记者毛思倩摄

顺丰工会相关负责人介绍，在 200 余名专职工会干部外，顺丰创新实施“工会代表”制度，充当工会工作的志愿者职能。全集团共有 2 万余名工会代表，深入开展师带徒、经验分享等工会服务。

工会代表成为和谐关系的协调员，也是基层管理人员的后备军，目前顺丰集团近 40% 的网站点管理人员来自工会代表。与此同时，顺丰工会还开展交友活动，“我的爱人也在顺丰，就是工会活动上认识的。”顺丰工作人员吴中华说。

顺丰是深圳完善平台企业工会建设、广泛吸纳新就业形态劳动者加入工会的缩影。

深圳市总工会相关负责人说，针对新就业形态劳动者个体化、分散化的现状，深圳市总工会组织开展新就业形态劳动者集中建会入会专项行动，推动平台企业特别是头部企业及其下属企业、关联企业积极履行社会责任。

截至目前，深圳 9 家主要快递公司中 8 家单独建立工会组织、1 家由社区工联会覆盖建会，外卖行业美团实现头部企业建会，各区摸排的 1373 家主要货运公司已建会 1250 家，29 家网约车平台企业中 25 家已单独建会或通过工联会覆盖建会、其余 4 家正在推进入会。

适应移动互联网发展的新趋势，除了集中入会、网上入会、现场入会等传统形式，扫码入会也为劳动者创造便利。截至目前，深圳工会会员系统中通过扫码入会的新就业形态劳动者已有 10.2 万余人。

完善保障措施

在外卖等平台企业，更加完善的保障服务也在持续推进。

2021 年 9 月，深圳市总工会投入引导基金、深圳市解困济难基金会募集社会资金，推出“E 路守护”综合保障服务，为快递小哥、外卖骑手和网约车司机等新就业形态劳动者会员，赠送一年保障期的互助保障计划和专属意外保险。

针对相关群体可能存在不了解理赔程序、不清楚理赔流程的情况，以及对是否符合理赔条件、是否能够获得理赔款项有所担心等问题，深圳市总工会通过专人专岗，在理赔流程管理上加强时效化管控、简化审批手续、明确工作时限。

深圳市总工会相关负责人表示，“E 路守护”增加了新就业形态劳动者抵御风险的能力。截至 2022 年 9 月 15 日，项目累计涉及案件共计 479 件，涉及赔款金额达 714 万元，缓解因病致贫、因意外致困等问题。

“‘E 路守护’也让快递外卖小哥群体，感到更有保障。”外卖小哥陈伟说，这座城市让人感到温暖，我们也更希望在这里发光发热。

“小蜜蜂”挥洒汗水，城市也让他们更温暖。

在社会治理中，“小蜜蜂”正在发挥大作用。累计服务超 4 万人次、热心公益的陈伟，2021 年 5 月被推选为龙华首支“小蜜蜂”义工队队长，参与兴富社区辖区道路安全等基层治理，义工队已吸引 64 名新就业群体人员参加，累计上报各类隐患 289 条。

“现在，只要看到路面不平整、环境卫生状况不佳、用火用电隐患、单车占道等情况，第一时间就能和各个社区负责人对接。”陈伟说，随手一拍、发个定位，很快这些情况就能得到改善，不仅方便当地居民住户，也方便了自身工作。

“暖蜂驿站”暖人心

走进深圳南山区的白石洲村，一座外墙上写着“欢迎骑手经常来一起来留下来”的淡黄色小屋十分醒目，暖意浓浓。

这是附近约 800 名骑手小哥的“暖蜂驿站”。这间约 70 平方米的小屋，让村里的骑手小哥们累了进来歇歇脚、渴了进来喝口水。顺丰小哥张海波说，以前中午吃饭、休息不好找地方，现在条件越来越好，越来越有归属感。

从新业态、新就业群体工作生活实际出发，做深做实关爱保障是关键。

记者在兴富社区的“暖蜂驿站”看到，桌椅整齐摆放、不时有小哥在此休息，旁边还设有便民暖心柜，内有泡面、饼干、矿泉水等。“有需要扫码就可以取货，一天可以免费扫一次。”陈伟说。

深圳市总工会相关负责人说，目前深圳市总工会建设运营的“暖蜂驿站”163 个、“司机之家”47 个，通过标准化建设基础设施，增强新业态、新就业群体获得感、幸福感、荣誉感。

在深圳市南山区，当地还为快递员、外卖送餐员开设“暖蜂窗口”，提供就餐 8 折优惠、职工书屋、律师驻点、心灵驿站咨询等服务。

新就业形态劳动者的身心健康也不容忽视。南山区总工会依托辖区“暖蜂驿站”，开发专属品牌服务项目“E 路安”，在辖区“暖蜂驿站”内配备脚部按摩仪及一次性按摩袜、设置公益服务理发点，以及在新就业形态劳动者中招募 100 名应急救援志愿者，分三批次进行集中应急救援培训，考核合格后拟组成南山区的流动紧急救援队伍等，为新就业形态劳动者提供多项健康服务。

以职工需求为导向，盐田区建立了“暖工驿站”。如在货柜车司机集中的盐田街道公共停车场，创建了司机志愿服务站，配备空调、饮水机、休息桌椅、应急药箱、意见收集本、雨具、冲凉房等设施设备，为司机群体提供信息交流、后勤保障等服务。

在户外劳动者较为集中的盐田区梅沙街道滨海社区，当地则设立海洋生态环保服务中心“户外劳动者工会爱心驿站”，为快递小哥、外卖送餐员、环卫工人、地铁工人、旅游爱好者等户外人员提供饮水充电、纳凉休息、应急药箱、临时避雨等服务。

“我们希望将工会组织的关怀送到职工中，让新兴领域群体的企业职工感受到工会‘娘家人’的关爱和温暖。”深圳市盐田区总工会相关负责人说。

（孙飞）

04 一张“地图”让癫痫患者“少走弯路”

“妈妈从不喜欢用‘一转眼’来形容逝去的时光。”

“因为你遭受病痛的岁月，格外格外的漫长……”

这是一名北京市难治性癫痫患者家长写给 17 岁病愈女儿的诗，也是癫痫病患者家属们的心理写照。

第十九个“国际癫痫关爱日”来临之际，400 余名来自全国各地的患者、家属和医疗专家、科研人员齐聚深圳，参加由中国抗癫痫协会发起的关爱义诊活动。

“那时，挂号要通宵排队，多地医院尝试调药无效。现在，孩子吃的进口药有 3 款国产仿制版上市，还被纳入医保，诊疗也可以线上远程进行，还有了全国癫痫中心‘地图’。”深圳市结节性硬化症与癫痫合并患者家长袁女士的女儿 16 岁了，目前就读职校一年级。

如果没看过病历，很难想象，这个女孩曾在出生后第 52 天就口吐白沫、浑身抽搐，2 岁前每日持续反复发作数次。妈妈不得不辞职，带着女儿辗转多地、四处求医。

诊疗越来越规范，药物越来越可及。袁女士提到的全国癫痫中心“地图”正是一张覆盖全国的三级诊疗网络，目前已纳入全国医疗机构 526 家。

中国抗癫痫协会会长、四川大学华西医院神经内科主任医师周东指出，早诊早治和规范管理是癫痫患者康复的关键。在国家卫生健康委指导下，建设一站式、多学科协作的“癫痫中心”，就是针对癫痫发作反复、不可预测的特点，让病人和家属少走弯路。

打开手机网页可以看到，这张“地图”可以为癫痫患者提供明确的就医指引和导航，一级中心以提供门诊服务为主，二级中心可提供除外科手术外的所有癫痫诊疗服务，三级中心可为患者提供全方位的诊疗服务。

“有了这张地图，患者就可以按图索骥，就近就医。”周东说。

世界卫生组织将癫痫列为重点防治的神经和精神系统疾病。全球约有 5170 万人深受癫痫疾病困扰，我国患者数量约为 1000 万人。

国际抗癫痫联盟“终生成就奖”获得者、神经外科专家李世绰说，癫痫患者在教育、就业、婚姻、生育方面遭遇挑战，社会各界应该携手，打造一个抵御病痛、同筑健康的同盟。

“一次义诊解决不了所有问题，我们从 2011 年起建服务群、开健康课、走进校园，累计服务超万名患者。许多患者家属也成了志愿者。”北京大学第一医院主管护师、癫痫儿童活动中心负责人王若凡介绍，该院已建立长期随访机制和患者健康教育机制。

在广州医科大学附属第二医院癫痫中心，廖卫平教授带领团队持续对癫痫新致病基因开展研究，相关成果在国际神经科学顶级期刊发表，也为全世界的癫痫病患者带来新希望。

从一张“地图”到志愿服务再到科学创新，记者在一次义诊活动中感受到的，恰如患者家属的心愿与寄语——

“你的前路也有诗和远方，愿你张开追梦的翅膀。”

（顾天成、白瑜）

05 为165万名志愿者打造展览馆

经过长时间紧张有序的建造，由深圳团市委、市义工联为深圳165万名志愿者打造的“义工天地”展览馆，在2019年3月5日揭开了神秘面纱。当日，深圳市“3·5学雷锋纪念日”暨第十四届“深圳义工节”主题活动也在“义工天地”展览馆举行。

来自深圳市的100名志愿者成为参观展览馆的首批观众，在讲解员的引导下了解深圳志愿服务总体概况，以及30年来深圳志愿服务事业发展的品牌特色。展览馆通过大量珍贵的历史图片、文献资料、实物等，以科技化手段展示了深圳义工艰辛辉煌的前进历程，让参观人员共同回顾了深圳义工开全国之先河、创多项新举措的工作成就。

据了解，“义工天地”展览馆包含服务接待区、数字互动区、形象识别区、历史展示区、工作展示区、项目路演区、公益慈善区、学习交流区共八个区域。其中，“大事记墙”采用时间轴的形式展示深圳市义工联的发展史；而“义工风采墙”用照片的形式，将义工服务的美丽身影定格。此外，展览馆展示、收藏了诸多志愿文物，具有特殊的历史价值与现实意义。

深圳团市委有关负责人表示，“义工天地”将逐渐成为深圳市志愿服务历史展示、项目研发、文化推广、培训研究、国际交流的重要平台阵地。

（王晓丹）

06 香港青年微信群不断在壮大

“在内地工作的香港青年，我们有几个微信群，人数不断在增加。”在深圳创业的标识设计师林紫莹日前接受记者采访时兴奋地说。

2021 年发布的第七次全国人口普查数据显示，居住在内地省份并接受普查登记的香港特别行政区居民超 37 万人。从“来了就是深圳人”到“大家都是湾区人”，越来越多的香港青年在大湾区创业就业、居住生活、奋斗逐梦。

标识设计师：“港潮”融入湾区大市场

林紫莹是土生土长的香港女孩，25 岁之前没有来过内地。2012 年，从香港理工大学毕业后，她进入一家香港知名设计事务所从事标识设计工作。几年下来，虽升了职位、涨了工资，但林紫莹越来越觉得自己像是一颗“螺丝钉”。

林紫莹在工作中。受访者供图

2016 年，林紫莹被公司派往上海工作一年，开始对内地的发展增加了解。尤其是快捷便利的移动支付等科技元素让她印象深刻。

“不能等了，一定要走出‘舒适区’！”林紫莹随后来到深圳创立了拾创标识设计公司。在她看来，内地对高品质休闲生活的需求在增加，对商业中心、酒店等标识系统的需求也在走高。大到楼宇外立面的品牌 LOGO，小到停车场、电梯间、洗手间的指示牌，都是“用武之地”。

突出标识的功能需求，追求造型的设计感，兼顾材质的耐用性能，凭借着专业的功底和服务，林紫莹和小伙伴已成功签下新世界、华润等大公司的相关项目，2020 年营收超过千万元。

“香港在标识设计等时尚潮流领域有先发优势，内地则有广阔的市场，并且内地科技的后发优势可能将改变设计行业，比如未来的标识设计会更多利用电子显示屏幕。”林紫莹表示，希望在大湾区站稳脚跟后，进而辐射其他二、三线城市。

在林紫莹身边，越来越多的香港朋友来到内地就业工作。“交通越来越方便，来的人越来越多。”她说。

公务员教师：香港青年“入编”加速人才流动

香港青年万迁，怎么也想不到自己会成为第一批“吃螃蟹的人”。

2020 年毕业季，找工作的他偶然间看到广东选调生和急需紧缺专业公务员面向港籍青年招录的消息，随即选择报名。

“当时看了招录信息，觉得深圳市市场监督管理局招的岗位与我的专业比较符合。”万迁说。他出生于湖北武汉，16 岁随家人移居香港生活，先后毕业于香港理工大学、北京大学。

被选拔录用后，万迁半年来已参与多宗价格监管要案的处理和价格执法，还被抽调到深圳市进口冻品集中监管仓现场监管组、预约信息组。

在万迁看来，随着粤港澳大湾区建设的逐步推进，内地和香港的交流持续增加，越来越多的公共服务岗位需要兼具内地和港澳背景的复合型人才。与此同时，广东公务员面向港籍青年招录也不断增强香港青年对祖国的认同感。

“希望更多香港青年参与到内地更多省份的公务员岗位乃至各行各业中，亲身参与内地经济社会建设。”万迁说。

在学校等事业单位里，港籍青年的身影也日渐增多。2021 年 5 月，广东首批、深圳首位被事业单位编制内岗位聘用的港籍青年吴嘉怡，成为深圳市坪山区龙田小学一名语文教师。另一名港籍青年、香港理工大学硕士生黄晓蕾已在福田区南园小学到岗实习。

在不少业界人士看来，更多港籍青年“入编”，有利于大湾区人力资源的加速流动，助推大湾区建设向着更深层次、更广泛的合作发展。

茶餐厅老板：“港味”飘香湾区生活圈

岑明峰习惯别人叫他阿峰，他经营的“挺哥餐饮”正在大湾区大展拳脚。

“我从小在香港长大，2008 年从暨南大学毕业回到香港，正好遇到金融海啸，香港找工作变得不易，而内地发展机遇越来越多。”几经周折，阿峰在香港的招聘会上获得了到海口做酒店管理的工作机会。

岑明峰在餐厅工作。受访者供图

积累了数年的管理经验后，2016年他在深圳创业，与合伙人共同创立“挺哥餐饮”，以“地道港味食品”为大企业提供团餐，客户覆盖沃尔玛、顺丰、华为等大型企业，目前已开了5家店。

阿峰打算长期定居深圳，他希望未来继续深耕企业团餐、熟食供应，打通供应链前后端，将港式风味带到深圳乃至内地更大的市场。

奶茶、菠萝油、公仔面……近年来，融合中西口味、简单方便的“港味”餐厅在大湾区市场受到喜爱。文和友联合创始人翁东华说，团队在调研深圳饮食文化时发放了5万份问卷，最受消费者欢迎的是“港式茶餐厅”。

深圳正处于粤港澳大湾区、中国特色社会主义先行示范区“双区”驱动的黄金发展期。在此背景下，深圳团市委拟全面实施“青年发展型城市、深港青年创业创新之城、志愿者之城”的“三城战略”，进一步扶持香港青年在深圳发展。

深圳团市委相关负责人表示，深圳近期将推出“深港青年一站通”App，以网站、App、小程序等形式直观展现港澳青年就业岗位、创业政策、创业基地准入条件等，为港澳青年提供“一站式”信息服务和支持。

（孙飞、王丰）

07 “青年驿站”助创业

初夏的凤凰花烧红了整个深圳。贵州遵义人胡贤辉再次来到了“福田青年驿站”。2014年，他从这个驿站离开，辗转创办了自己的豆芽传媒有限公司。

青年驿站位于福田区石厦社区，十来个房间，每个房间6个床位，很像大学生宿舍。记者在青年驿站看到，过道两旁的宣传栏，贴满了招聘和就业指导信息。2013年起，深圳团市委推出“青年驿站”，为首次来深圳求职的应届毕业生提供7天的免费住宿和长期的就业指导等服务。

胡贤辉2014年毕业于长沙理工大学。毕业后来到深圳，在低价旅社“流浪”了一段时间就来到青年驿站。时间是2014年7月。

“创新创业让我们热血沸腾，很多同学都来了。但是，人生地不熟，找不到合适的工作、合适的落脚地，感觉有点凄风苦雨，后来就找到了这个驿站。”胡贤辉说。

免费的住宿，免费的“就业沙龙”，胡贤辉在青年驿站的第一晚睡得很踏实，“站友”全是来深圳“闯生活”的大学生，大家互相十分信任，“像回到了大学岁月，找到了‘家’的感觉。”

青年驿站里的日子，期待、梦想夹杂着焦灼不安。白天“站友”们相约着出去找机会，晚上回来很多人睡不着，侃大山、聊设想经常到半夜。

“很多都是在胡思乱想，但回过头去看，依然感到激情和美好。”胡贤辉通过青年驿站的介绍找到了人生第一份工作，深圳科学馆附近的一家策划公司。做了半年多后，不安分的他又去了南山一家做生鲜蔬菜的公司从事策划工作。2015 年年底，胡贤辉和两个青年驿站“站友”李兴科、陈丽有共同创立了“豆芽”。

李兴科来自江西赣州，陈丽有来自广东江门。“我们是在‘站友’组织的爬山活动中认识的，专业背景差不多，都想创业，所以一起做啦。”胡贤辉说。

就这样，胡贤辉对外，李兴科行政，陈丽有财务，3 个“站友”组成了驿站创业的“豆芽小时代”。

从 2015 年创业开始，到 2016 年 3 月“豆芽”一直没有出单，很困难。不过青年驿站也是一个“脑库”。很多导师及时给了指导，胡贤辉们改进了工作方法，最终挺过了最困难的时期。

“我们开设青年驿站的本意是帮助大学生就业，所以一开始的服务主要是就业指导，后来看到大学生中创业意愿不断升高，加了一些创业指导的内容。目前这样的‘沙龙’已经举办了 74 期。”福田石厦青年驿站负责人董俊毅说。

胡贤辉的“豆芽”现在已经基本实现盈亏平衡。他当年住过的铺上目前住着来自湖北的应届大学毕业生小田。不过，他也已经住满 7 天，准备离开。“这几天找到了一家互联网企业的工作，我也和‘站友’们在罗湖区合租了一套房子。这个床位要留给后来的‘站友’了。”小田言语中满是不舍。

目前，包括福田石厦站在内，深圳已建立8个青年驿站，涵盖6个区，共222张床位，截至2016年4月，已服务来深大学生5000余人次。

“这是深圳青春故事的九牛一毛。深圳正在迎来20世纪八九十年代后又一轮的创业热潮。”董俊毅指着驿站外面，那里还有不少价格低廉的小旅馆，简陋的门道中，年轻人们怀揣梦想进进出出。

“这一轮创业的年轻人和他们的前辈不一样，关注的产业不一样。以前很多制造业，现在很多互联网、文化创意。但有一点是相同的，他们和前辈一样，都关注各自时代里最新的东西。”经常参与青年驿站“就业沙龙”的铁汉生态园林公司人力资源部培训主管郭杨说。

“有可能，下一个任正非、马化腾，就在这些年轻人中产生。”董俊毅说。

（蔡国兆、孙飞）